あなたを **読み聞かせの名人** にする本

耳をすまそう
絵本についての100のお話

えほんの会

開拓社

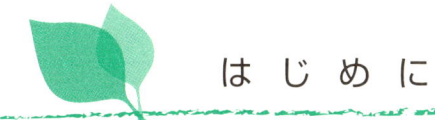# はじめに

　私たち大人は，子どもの健やかな成長を願っています。昨今，子育てにおいて"絵本"が重要な位置を占めるようになり，読み聞かせのボランティア活動も活発になってきました。
　子どもに絵本を読み聞かせながら，読んでいる自分自身が"はっ"とさせられたことはありませんか。絵本は，子どもの問いに対して大人の論理や思考ではなく，子どもの目線で人生の深遠を明確に語ります。例えば，『おやすみなさいフランシス』（ホーバン作）の中でフランシスが，「なにか　カーテンをうごかしているの」と言う場面があります。私たちは科学的な答えをしようと四苦八苦しますが，絵本は絵と言葉で読む人の心に語ります。この絵本の中で父親は答えます。「あれは，かぜの　しごとなんだ。かぜはね，まいばん　あちこちのカーテンを　みんな　うごかしてあるかないと　いけないんだ」「だれだって　しごとはするさ」。このように，私たち大人が忘れかけている，子どもの感性と思考が絵本の中にはいっぱいつまっています。
　そして，読み聞かせの声は子どもに伝えます。「わたしはあなたと共にいる。わたしはあなたと共にいたい。わたしはあなたのそばにいる」と。この呼びかけの肉声が，「わたしは，ありのままの自分でいいのだ」と，子どもが自分の存在をまるごと受け止め生きる原動力となるのではないでしょうか。そして，子どもたちは絵本から人の心の喜び，哀しさ，切なさ，怒りなどのさまざまな感情を受け取り，世界を広げて成長します。
　私たちはこの絵本の魅力にひかれ，実際に読み聞かせをして得た経験を語り合い，研究を重ねてきました。このささやかな「絵本の会」は 1986 年 12 月に発足，月例会を重ね，公開研究会 11 回後，2002 年 12 月に一区切りをつけ閉会しました。その後，有志により 2003 年 6 月に「えほんの会」として再発足し，そのつど話合いの結果をまとめた会報は，通算 130 号を越えます。本書は，「絵本の会」が 1999 年に開催した第 8 回公開研究会の際，『**耳をすまそう　絵本のささやくメッセージ**』と題して編集した冊子を基に，その後の研究を付け加え，新たに再編集したものです。
　絵本のメッセージは，テレビや漫画と違い，声高には響いてはきません。けれど，絵本の読み聞かせを繰り返すうちに，かすかなささやきが聞こえてきます。子どもだけでなく，大人の心をもとらえ，絵本の魅力に惹かれるのは，この「ささやき」ではないでしょうか。心の荒廃は，耳を澄ませて相手の声を聞こうとしないことから始まるといえるでしょう。大人の目線で絵本を見直し，子どもの反応への理解が深まれば，子ども文化の裾野のさらなる広がりも期待できるでしょう。
　まだまだ研究の余地があることを申し添え，絵本への足がかりとしてお役に立つことができますよう，お届けいたします。
　本書の刊行にあたり，開拓社の山本安彦氏には貴重な助言，お力添えをいただきました。また，菅原順一氏には，イラストを描いていただきました。ありがとうございました。
　2008 年 2 月 1 日

　　　　　　　　　　　　　　　　　　　　　　　　　　　　　　　えほんの会

目次

第1章 絵本とは？

1　どういうものを絵本というのですか …… 11
2　いつごろ，どこで，絵本は生まれたのですか …… 11
3　絵本にも，古典があるのですか …… 12
4　絵本の構成は，どうなっているのですか …… 12
5　子どもにとって，なぜ絵本が大切なのですか …… 13
6　子どもが読み聞かせの楽しみを知る大切さ，とはどんなことですか …… 13
7　絵本は，大人向けと子ども向けに区別できるのですか …… 14
8　国際的に知られた絵本のコンテストや賞には，どんなものがありますか …… 14
9　日本の絵本のコンテストや賞には，どんなものがありますか …… 15
10　海外で人気のある日本の絵本や作家を教えてください …… 15
11　絵本サークルや研究会，学会などに入るのはどんなメリットがありますか …… 16

第2章 絵本の入手方法は？

12　電子化による絵本購入方法を教えてください …… 19
13　外国の絵本の購入方法を教えてください …… 19
14　公共図書館での絵本の利用方法を教えてください …… 20
15　新しい絵本が出たことは，どうやって知るのですか …… 21
16　絶版になった絵本は，どうやって探したらいいですか …… 21
17　絵本の情報を求めるには，どんなデータやメディアを利用しますか …… 22
18　個人的な絵本コレクションの方法を教えてください …… 23
19　主に月刊雑誌のように出版される絵本を教えてください …… 23
20　絵本関係の専門図書館や美術館を教えてください …… 24

第3章 絵本の選び方は？

21　「よい絵本」とは，どんな絵本ですか …… 27
22　読み聞かせに適していて子どもに好かれるのは，どんな絵本ですか …… 28

23	外国語で書かれた絵本の利用方法を教えてください	28
24	読み聞かせに適さないのは，どんな絵本ですか	29
25	絵本は年齢に合わせて選ぶものですか	29
26	絵本を見分けるのに，奥付はどのように役にたちますか	30
27	絵本に男の子向き，女の子向きの区別がありますか	30
28	残酷なシーンのものは，子どもから遠ざけるべきですか	31
29	悲しい結末の作品は避け，ハッピーエンドで終わるものがいいですか	32
30	絵本の言葉づかいは，どのようなものが望ましいですか	32
31	シリーズ本は，できるだけ揃える方がいいですか	33
32	同じお話で何種類もの絵本がある場合，どう選んだらいいですか	33
33	外国の絵本を読むとき，大切なことは何ですか	34

第4章　読み聞かせのときの子どもの反応は？

34	子どもが絵本に心を動かされるのは，どんな場面ですか	37
35	自然の摂理や生命の尊さに対する，子どもの思いがけない反応例を教えてください	37
36	アニメーションや漫画を見せるのと読み聞かせは，何が違うのですか	38
37	絵本を紙芝居に作りかえたいのですが	39
38	少ない絵本をじっくり読むのとたくさん読むのとでは，どちらが望ましいですか	39
39	聞き手の年齢が異なる場合，絵本のレベルをどこに定めたらいいですか	40

第5章　読み聞かせの方法・工夫やアイディアは？

40	外遊びの好きな子を読み聞かせに誘うことはできますか	43
41	一度読み聞かせた絵本でも，繰り返し読んであげる方がいいですか	43
42	図鑑ばかり見ている子に，読み聞かせへの興味を持たせることができますか	44
43	読み聞かせの途中で質問されたとき，そのたびに答えた方がいいですか	44
44	読み聞かせの途中で子どもがあきてしまったら，どうしたらいいですか	45
45	子どもが絵本の食べ物に気をとられてしまったら，どうしたらいいですか	45
46	ひとりで読むようになったら，もう読み聞かせの必要はないですか	46
47	読み聞かせのとき，聞き手をどう座らせたらいいですか	47
48	読み聞かせを始めるときの工夫を教えてください	48
49	読み聞かせを終わるときの工夫を教えてください	48
50	読み聞かせのときの，絵本の持ち方を教えてください	49
51	読み聞かせの声は，どのように工夫したらいいですか	50
52	読み聞かせの速度は，どれくらいがいいのですか	50

53	絵本のページのめくり方を教えてください	51
54	難しそうな言葉は，やさしく言い換えた方がいいですか	51
55	読み聞かせの効果をさらに高める工夫はありますか	52

第6章 絵本に見る多彩な世界とは？

56	虫などが主役となる，よい絵本がありますか	55
57	思いがけない主人公が登場する絵本は，どう見たらいいですか	55
58	赤ちゃんのためには，どんな絵本がいいですか	56
59	しつけに役立つ絵本がありますか	56
60	四季の変化が楽しめる絵本はありますか	57
61	行事のいわれや楽しみを知るのに，どんな絵本がありますか	57
62	病気や死などの問題は，絵本でどのように取り上げているのですか	58
63	お年寄りにとって，絵本はどんな意味がありますか	58
64	世界の人々の生活や文化など，異文化が理解できる絵本がありますか	59
65	戦争をテーマにした絵本はありますか	59
66	障害のある人への理解を深めるのに，どんな絵本がありますか	60
67	環境や公害問題を取り上げた絵本には，どんなものがありますか	60
68	宗教を取り上げている絵本には，どんなものがありますか	61
69	子どもが読み聞かせに参加したり，物づくりを楽しめるような絵本はありますか	61
70	ページをつなげると，大きな絵になるような絵本はありますか	62
71	触って楽しめる絵本がありますか	62
72	変わった素材でできた絵本には，どんなものがありますか	63
73	文字なし絵本は，どのように利用したらいいですか	63
74	ABC，あいうえおなど，言葉遊びの絵本にはどんなものがありますか	64
75	方言で書かれた絵本を読み聞かせるよさは何ですか	64
76	なぞなぞが楽しめるのは，どんな絵本ですか	65
77	自然科学への関心を高めるのに役立つ絵本には，どんなものがありますか	65
78	遊びや劇に生かせる絵本には，どんなものがありますか	66
79	絵本のファンタジーとは，どんなものですか	66
80	しかけ絵本には，どんなものがありますか	67
81	人権問題を取り上げた絵本は，どのように扱ったらいいですか	67
82	絵の中に主役が登場しない絵本はありますか	68
83	絵本の形が不揃いで，さまざまな大きさがあるのはなぜですか	68

第7章 絵本の不思議な魅力や効用とは？

- 84 表紙，扉，カバー，ケースなどは，お話とどんな関わりがありますか ……… 71
- 85 読み聞かせによって，子どもの気持ちが分かった例がありますか ……… 71
- 86 高校生でも，絵本に関心を持つのですか ……… 72
- 87 意地悪をしてしまった子に読んであげたい本はありますか ……… 72
- 88 大きくなったとき，読み聞かせが心の支えになった例を教えてください ……… 73
- 89 子どもだけでなく，大人も感動する絵本はありますか ……… 73
- 90 発達に障害のある幼児の能力を，絵本は引き出すことができますか ……… 74

第8章 絵本の環境づくり・大人と絵本とは？

- 91 子どもを絵本に親しませるのには，どのような工夫が必要ですか ……… 77
- 92 絵本コーナーに，絵本をどのように並べればいいですか ……… 77
- 93 保護者に，絵本についてどんなアドバイスが必要ですか ……… 78
- 94 読み聞かせのために，何かプランがあった方がいいですか ……… 78
- 95 子どもが絵本をつくりたいと言ったら，どうすればいいですか ……… 79
- 96 視聴覚機器やビデオ絵本は，読み聞かせにどう利用すればいいですか ……… 80
- 97 子どもが絵本の主人公に手紙を書きたいと言ったら，どうしたらいいですか ……… 80
- 98 絵本を大切に扱うことを，どう教えたらいいですか ……… 81
- 99 大人が楽しめる絵本はありますか ……… 81
- 100 昔どんな絵本があったのか，調べ方を教えてください ……… 82

資料編　Ⅰ．本文で引用した絵本の一覧 ……… 85
　　　　　Ⅱ．国内外の絵本と文学の年表 ……… 93

┌─〈本書の利用法〉────────────────────────────────────┐
①この本は，絵本に関する**100の質問**に答えるお話で書かれています。どこから読み始めても構いません。質問ごとに関連する内容に参照ナンバーがついていますので，併せて読んでいくのもよいでしょう。

②私たちは質問を考えるために，素朴な疑問を絵本に投げかけました。目次の**第1章～第8章**の柱を絵本について考える視点とし，**100の質問**をこの**8章**として組み立てました。どれも，絵本へのアプローチとして大切な一歩になると言えるでしょう。

③本文に引用されている絵本の作者，画家，出版社，出版年を知りたいときは，資料編「**I. 本文で引用した絵本の一覧**」(85ページ)をご覧ください。なお，作品論等の関連図書や参考事項は，各質問の末尾に(注)として載っています。

④巻末に，「**II. 国内外の絵本と文学の年表**」(93ページ)を載せました。時代背景と絵本出版との関連性を考える際にお役立てください。
└──┘

第1章

絵本とは？

1 どういうものを絵本というのですか

　絵本は，手にとってページをめくるだけでどんなことが語られているかがわかります。絵本の絵は，文と同じぐらい意味を持つもので，話の筋をたどることができ，作中人物の気持ちを伝える力を持っています。絵から，雰囲気やリズムが伝わります。絵を見て興味が湧くと，今度は話の内容を詳しく知りたくなります。このように絵に言葉を補うことで語り口が生まれ，話の筋が表れてきます。こうして作者の語り出す意図が一冊にゆきわたっていくと，読み手に物語が伝わってくるのです。つまり，絵と物語性によって，筋の通った物語として完成したものが絵本です。児童文学者の松居直は「絵本とは言葉の湧きでてくる世界です。絵本は子どもに生きている歓びを感じさせ，生きる力を与えます。同時に大人をも生きかえらせてくれる言葉の泉です。」(注1) と述べています。

　児童文学者で絵本作家でもある瀬田貞二の言葉を借りれば，物語はイメージがくっきりと浮かぶように語られ，絵が物語ののべる事柄と精神を的確にとらえて具体的に表現し，物語の興味を倍にも何増倍にも大きくしているということになります。物語は目に見えるようでなければならず，絵は物語でなくてはいけないし，その二つがすきまなく一つのものになっているもの，すなわち「絵と文章の二重奏」，それが"絵本"です (注2)。

(注1)『絵本のよろこび』松居直著。日本放送出版協会。2003年。
(注2)『絵本論 瀬田貞二 子どもの本評論集』瀬田貞二著。福音館書店。1985年。

2 いつごろ，どこで，絵本は生まれたのですか

　アルタミラ洞窟をはじめ世界で発見された洞窟の壁画は，1万年以上も昔の古い時代に生きた人々が描いた絵です。描き手は何かを考え，伝えようとしていたに違いありません。エジプト文字といわれる古代文字の起源は，物の形を借りて，言いたい言葉の音や心を表そうとしました。日本の壁画，曼荼羅，絵巻物の類も絵本の歴史に含めれば，絵本の祖先といえるかもしれません。

　イギリスで，18世紀ごろ行商人が伝説・民話・俗謡などの小冊子を呼び売りしたものは，「チャップブック」と呼ばれ子どもたちにも人気がありました。これを子ども向けに装丁して売り出したものが，子ども向けの初めての出版物といわれています。また，18世紀から19世紀にかけて，同じくイギリスで *Hieroglyphic Bibles*（絵文字バイブル）といわれる，子どもに分かる絵入りのキリスト教の聖書が出版されました。子どもに絵文字を見せて暗記を促そうとした試みで，子どものために出版された絵本といえるでしょう。イギリスのヘンリ＝コールは，1843年にフェリックス＝サマリーというペン＝ネームで，昔話や伝説のような伝承文学を *The Home Treasury*（家庭宝典）シリーズとして創刊しました。その一部が日本でも複刻され，*The Traditional Faery Tales*（伝説おとぎ話集）として出版されています。このような絵本の原型が，コメニウスの**『世界図絵』**です。この絵本は，1657年ニュールンベルクのマイケル＝エンテル書店から出版されました。コメニウスは教育者で，「すべての知識は，まず子どもたちの感覚を通して心に達しなければいけない」と言って，これを作りました。後世の教科書の始まりということができます。

3　絵本にも，古典があるのですか

　古いとか，昔の人の作品というだけで古典とはいえません。後世の時代に残る質の高い作品を古典といいます。絵本にも古典といわれる優れた作品があり，出版された国だけではなく，「世界共通の財産」といわれるようになりました。外国の絵本『**かもさんおとおり**』『**アンガスとあひる**』『**ちいさいおうち**』，日本の『**かにむかし**』などは，古典といえるでしょう。

　世界の，とりわけイギリスの絵本や児童文学の草創期から 20 世紀に至る古典的な図書の最も充実した宝庫として世界的に有名なのは，カナダのトロント公共図書館「リリアン H. スミス館」が所蔵する，1 万冊以上にのぼる「オズボーン=コレクション」です。コレクション中最古の本は，14 世紀の羊皮紙にラテン語で手書きされた *Aesopus moralisatus*（イソップ物語），活字印刷本では 15 世紀に印刷された *Historia di Lionbruno*（リオンブルノ物語）。19 世紀に書かれた『**妖精の国で**』（*In Fairy Land*）は，妖精達の棲む「森の王国」の夜明けから日没後に至るある一日の出来事が韻文で書かれた，美しくファンタジックな絵本です。金箔を使った豪華な装幀で，欧米の絵本文化の高さを象徴しています。

　日本にもこの 100 年ほどの間にお祖父さんやお祖母さんの時代から親しまれ，21 世紀の子どもたちにも愛されている絵本が増えてきました。古典といえるこのような絵本は，遊びが楽しめるもの，空想性の豊かなもの，芸術性の高いもの，物語性に富むもの，情緒的に味わいの深いもの，正しい科学性や社会性がある等の特徴を持っています。つまり，古典はよい絵本のモデルといえるでしょう。
　　　　　　　　　　　　　　　　　　　　　　　　　　　　【2　100　参照】

4　絵本の構成は，どうなっているのですか

　絵本には，絵だけのもの，絵と言葉によって構成されているもの，絵の代わりに写真が使われているものなどがあります。絵にしても写真にしても，「物語る」という大事な機能を持っている訳です。絵本は，この絵画性と物語性が一体になって語りかけるのです。

　絵本の絵には，左から右へ流れるように連続し［左開きの絵本］，起承転結の順を踏む手法があります。例えば『**いたずらこねこ**』には，天地の境を示す一本の線が初めから終わりまで引かれ，亀が池からはい出て，右端の子猫に出会う場面があります。亀の行く手と，子猫の好奇心との出会いがドラマを描くのです。最も単純な厳選された場面で物語が展開します。絵巻物の画法に通じる絵本といえるでしょう。

　絵本は，表紙から入ります。初めに物語が予告され，扉からお話が始まります。お話が終わった後も，次のページや裏表紙にお話の続きやオチが描かれていたり，お話の舞台が描かれていたりするので，最後まで丁寧に見ていきましょう。読後に表と裏の表紙を広げてみると，お話の主人公や主題を改めて感じることでしょう。優れた絵本は，選び抜かれた場面と生気に満ちた描写とが見事に調和していて，何度でもページをめくりたくなります。
　　　　　　　　　　　　　　　　　　　　　　　　　　【1　49　84　参照】

5　子どもにとって，なぜ絵本が大切なのですか

　ニュージーランドの図書館員であるドロシー＝ホワイトは，『**子どもの本について**』という読書指導の入門書の中で「絵本は，子どもが最初に出会う本です。長い読書生活を通じて読む本のうちで，一番大切な本です。その子が絵本のなかで見つけだす楽しみの量によって，生涯本好きになるかどうか決まるでしょうから。またそのときの感銘が，大人になってそのひとの想像力をことあるごとに刺激するでしょう」と述べています（注）。

　テレビや映像文化がどんなに進んでも，人間から読書を取り上げることはできないでしょう。人間として大切な知的生産を止めてしまうことになるからです。

　読書の質を高めるには，成長につれて心構えや努力が必要です。第一歩は，子どもと絵本との出会いにあります。絵本も，ひたすらに楽しい遊びの一つですから，このような幼児期こそ，本に親しませる絶好のチャンスです。遊びに没頭する子どもの生き生きとした喜びと共に，優れた絵本があってほしいのです。

【6　88　参照】

（注）『**子どもの本について**』*About Books for Children* by Dorothy White.　Oxford University Press. 1949 年.

6　子どもが読み聞かせの楽しみを知る大切さ，とはどんなことですか

　子どもは気に入った本を何回も繰り返して読みたがります。それは字からでなく，絵から読みとっているからです。「読み聞かせ」の最大の意味は，読み手とそれを聞く子どもが「共にいる」こと，そして言葉を共有することにあります。大人との間のこのような共有体験の積み重ねが，子どもの成長にとても大事なのです。また，読み聞かせはテレビと異なり，子どものイマジネーションによって見えないものまで見る，といった体験をさせます。

　今の子どもたちは「自分の言葉を持たない」と，よくいわれます。言葉を失うと，人間は短絡的に切れて，他人や自分自身を精神的，あるいは肉体的に傷つけてしまうような行動に走ってしまいます。言葉を知れば，それを通して目の前の現実を理解し，状況判断をすることができます。時として子ども時代の言葉は，生涯忘れることのできない深い印象や影響を与えます。この言葉の力は，成長への栄養となるのです。

　子どもに『**もこ　もこもこ**』を見せると，絵を見て笑い出します。言葉の基本は音です。生後8ヶ月ぐらいの赤ちゃんでも，このユーモアにあふれた絵本が好きになり，言葉の音の変化を楽しみ，口真似しようと声を出します。このような読み聞かせの経験を重ねながら，子どもたちは発見，観察，分析といった思考を体験し，それが生きる力につながっていきます。とりわけ，物語絵本による感動体験が心を育てる基礎になるのです。

【5　46　88　参照】

7 絵本は，大人向けと子ども向けに区別できるのですか

　絵本について安易に大人向けと子ども向けとを区別してしまうことは，子どもの人間性を無視することにつながる恐れがあります。大人は，幼い子どもの感性に最もよく働きかける絵本を与えたいと願うのですが，残念ながら安易な企画による子ども向け絵本の出版が絶えません。一方，大人向けのコミックなど，セックスや暴力むき出しの出版物も氾濫しています。活字離れといわれる今日の世代は，マンガ文化に支配されています。たくさんの情報が目まぐるしく行き交う中では，物事の善悪，良否の区別が曖昧になりがちです。そのために二者択一の厳密な対処と，第三の選択はあり得ないとする厳しい選択によって，文化の舵取りをしなければなりません。

　絵本の良否を分別し，大人も納得できる絵本を子どもたちに提供することが大切だと考えます。子どもばかりでなく，大人をも感動させる絵本があります。そういう場合，子ども向け，大人向けを区別する必要はありません。

【25　89　99　参照】

8 国際的に知られた絵本のコンテストや賞には，どんなものがありますか

　児童図書出版文化の普及・啓発に対する功績を讃えるために，また，絵本の世界に新風を吹き込んだ創作絵本や新人を発掘して賞賛するなどのために，各国でさまざまな賞が設けられています。賞の授与に際しては展示会が催されることも多く，絵本理解を深めるよい機会になっています。以下に主なコンテストや賞と受賞作品を数点あげてみます。
①コルデコット賞［アメリカ］：イギリスの絵本作家ランドルフ=コルデコットにちなんで創設された賞で，アメリカ図書館協会児童部会が主催し，前年にアメリカで出版された絵本で最も優れた作品に与えられる。**『月夜のみみずく』『雪の写真家ベントレー』**　②ケイト=グリーナウェイ賞［イギリス］：同国の女流絵本作家の名に因んでいる。**『キツネ』『ぜったい　たべないからね』**　③ドイツ児童文学賞［ドイツ］：ドイツ政府の家族省により創設された同国最高の権威ある児童文学賞。**『いつも　だれかが…』**　④国際アンデルセン賞：国際児童図書評議会により創設された児童書の国際的な賞。現存する作家や画家の中で長く子どもの本に貢献した人の全業績（当初は特定の作品）に対して与えられ，選考水準が高いことから子どもの本のノーベル賞といわれる。日本人では，まどみちお，安野光雅，赤羽末吉が受賞。　⑤ボローニャ国際絵本原画展：1967年よりボローニャ児童図書展の中で開催されている絵本原画のコンクール。日本では板橋区立美術館が幹事館となり「ボローニャ国際絵本原画展」の名称で紹介している。岩崎ちひろ，田島征三が受賞。
⑥ブラスチラバ世界絵本原画展：ブラスチラバ市で2年ごとに開催される展覧会に因んで児童書，イラストレーションの優秀作に贈られる。　⑦野間国際絵本原画コンクール：アジア，太平洋，ラテンアメリカ，アフリカ，アラブ諸国の絵本作家の発掘に努める。1978年より2年に一度，原画コンクール開催。　⑧ボストングローブ=ホーンブック賞：1967年，ボストンの「グローブ」誌と「ホーンブック」誌によって創設された児童文学賞。**『シェイプ=ゲーム』**等。

【9　10　参照】

9　日本の絵本のコンテストや賞には、どんなものがありますか

　受賞作品は、本を選ぶ際の参考になります。以下に、国内の賞と受賞作品を数点紹介します。
　①講談社出版文化賞：『鹿よ　おれの兄弟よ』『おばけドライブ』『あらしのよるに』『かんがえるカエルくん』『だいじょうぶ　だいじょうぶ』　②産経児童出版文化賞：『うさぎのおうち』『カマキリ』『あさ・One morning』『セーターになりたかった毛糸玉』　③絵本にっぽん賞：『ソメコとオニ』『とべバッタ』『だいちゃんと　うみ』『ふしぎなおうちはドキドキなのだ』　④日本絵本賞：『どんなかんじかなあ』『ないた』［「絵本にっぽん賞」（1978年～1992年）の後を受けるかたちで、2005年に始められた］　⑤日本絵本賞読者賞：『しゃっくりがいこつ』［「日本絵本賞」の中の一つで、受賞作品は候補絵本の中から読者の投票で決定される］
　ベストセラーとなったり、書評で好評であったり、文化人の推薦があることなども絵本選びの参考になるでしょう。しかし、他人の意見はあくまでも参考にとどめ、子どもの反応や自分の感性で選ぶことも大事です。子どもにも好みがあります。幼いときから少しずつ、自主的に絵本を選ぶことの楽しさを教えていきたいものです。　　【8　10　参照】

10　海外で人気のある日本の絵本や作家を教えてください

　アメリカの大人・子ども向け書評雑誌 The Horn Book Magazine は、赤羽末吉の『したきりすずめ』について、「日本のオノマトペが生き生きしている。人物の表情が豊かである」と紹介しています。同じく赤羽作の『つるにょうぼう』はニューヨークタイムズ編集の The Best Books for Children に掲載されました。また、安野光雅の多くの作品も、同誌に取り上げられています。他の日本人作者の作品『きたきつねのゆめ』『おおはくちょうのそら』『ひろしまのピカ』も選ばれています。
　『みんな　うんち』は、いろいろな動物の糞の仕方にスポットを当てた絵本です。そのユニークさが評判となり、6ヶ国で翻訳され、ニューヨークタイムズの読書欄がこれを取りあげ、アメリカでベストセラーにもなりました。『土のふえ』のフランス版は、縦書きの文を横書きにする困難を克服し、美しい絵本に仕上がり注目されました。
　ここ10年ほど、日本の絵本は韓国、台湾、タイなどで盛んに翻訳されています。特に、韓国はそのほぼ半分を占めます。登場人物の顔に親近感が持てるからでしょうか。中川李枝子、西牧茅子、林明子等の作品が目立っています。出版ジャンルとしては『どうぶつえんガイド』等、ノンフィクションの科学絵本が多いようです。『くれよんの　くろくん』のように、日本の初版刊行とほぼ同時に翻訳されるケースもあります。　　【8　参照】

11 絵本サークルや研究会，学会などに入るのはどんなメリットがありますか

　絵本サークルは，会場確保の必要から，図書館や学校あるいは公民館，個人宅などを会場とし，その情報も口コミによる場合が多いようです。活動内容は役所の社会教育係などで知ることもできるでしょう。メンバーは幼稚園・保育所等の先生，父母，ボランティア，絵本のファンなどで，実際に子どもと関わっている現場の先生たちなどから子どもの反応を聞くこともでき，たいへん参考になります。会員となるメリットは，読み聞かせを聞いて初めて，黙読だけでは分からない絵本の良さが納得でき，仲間との話し合いから絵本理解を深め，絵本を紹介してもらうなど，絵本の理解や選択の幅が広がることです。

　絵本の分野にも研究組織を整えた絵本学会が，1997年に発足しました（注）。会員は絵本の研究に関心のあるすべての人，研究者，教員，学芸員，司書，絵本編集者，絵本作家，デザイナー，地域で絵本を通したさまざまな活動を展開されている方などで，研究紀要「絵本学」や機関誌「絵本 BOOK END」が絵本に関するさまざまな情報を提供してくれます。いろいろな立場の人たちの話や意見を聞くことができるので，多くの示唆が得られるでしょう。

（注）絵本学会のホームページ　http://www.u-gakugei.ac.jp/~ehon/index.html

第2章

絵本の入手方法は？

12　電子化による絵本購入方法を教えてください

『出版年鑑 2006』によると，児童書の新刊点数は増加の傾向にあります（注1）。しかし，全国の小売書店数をみると，2001 年は 9316 店，2005 年は 7038 店と減少の傾向にあります。一方，オンライン書店（アマゾン，セブンアンドワイ，ブックサービス，紀伊国屋書店等）の市場規模は，2005 年には 600 億円を超えたと見られています（注2）。購入したいときには，これらの書店のホームページにアクセスし，必要事項を記入して申し込みます。これらの通信販売の場合，購入が一定金額を超えると無料配送してくれます。また，一部のオンライン書店では，特定のコンビニエンスストアで代金引換に本を受け取った場合，送料が無料になるサービスを始めました。

通信販売ではありませんが，最近店舗を増やしている中古本の購入・販売店を利用すれば，新刊ではありませんが安く購入することができます。希望の絵本が書店にない場合は，注文すれば一週間程度で取り寄せてもらえます。本の裏表紙や奥付等にある「ISBN」（注3）を提示すれば，それだけで注文することができ便利です。「ISBN」が分からない場合は，「書名」「著者名」「出版社名」が必要です。このとき定価も分かれば，書店では同じ題名の本でも大型版か小型版かなどを判断することができます。　　【13　15　参照】

(注1)『出版年鑑』出版ニュース社。
(注2)『出版指標年報 2006 年』全国出版協会出版科学研究所。
(注3) ISBN（International Standard Book Number）は世界共通で書籍を特定するための国際標準図書番号。日本では，日本図書コードや書籍 JAN コードとして使用されている。

13　外国の絵本の購入方法を教えてください

洋書部のある書店（東京では，丸善，八重洲ブックセンター，紀伊国屋，三省堂，ジュンク堂，デパートの書籍売り場など）に，まずはあたってみましょう。これらの書店の中には，地方都市に支店を持っているところもあります。在庫がない場合には，外国から取り寄せてくれますが，時間もかかり，円の換算率のために多少割高になるでしょう。

インターネットを利用すると，在庫の確認，24 時間以内発送の可否，入手までの送料等の情報が即座に得られ，すぐに注文もできます。本によっては，書評・内容紹介などの情報を提供してくれます。Amazon.co.jp は，日本語版なので利用しやすいという利点があります。外国の書店のホームページからその国の原語で直接注文することもでき，割安になる場合があります。また，毎年「東京国際ブックフェア」（注）が開催されます。海外の大手の出版社がたくさんの絵本を割引価格で販売しますので，このような機会に実際の絵本を手にとって確かめてみるのもよいでしょう。海外旅行の機会があれば，国際空港のショップで絵本を扱っているところもありますから，のぞいてみるとよいでしょう。

(注)「東京国際ブックフェア」は，世界 30 数ヶ国から 700 を超える出版社が出展し，作家・著名人によるサイン会やトークショーなども催される。下記に申し込むと招待券を送ってもらえ，入場無料となる。
連絡先：東京国際ブックフェア事務局（TEL　03-3349-8507）［http://www.bookfair.Jp/inv］

14　公共図書館での絵本の利用方法を教えてください

　公共図書館は普通開架式をとっているので，絵本コーナーに行けば誰でも自由に手にとって見ることができます。申請して登録カードを交付してもらい［地域在住，または在勤等の制限がある場合があります］，それを示して借ります。図書館の利用が難しい人のために，宅配・郵送サービスなどを行っているところもあります。

　図書館は，リファレンスサービス（いろいろな調べ物のお手伝い）もしてくれます。直接の相談はもちろん，電話やメールでの問い合わせが可能な図書館もあります。メールで問い合わせたい場合は，まず公共図書館のホームページを開き，リファレンスをクリックして質問事項を書き込むと，1週間ほどで返事が届きます。子どものための「おはなし会」など，本に親しめる行事も行っており，図書館員の中には読み聞かせの巧みな人もいて，大変参考になります。最近の絵本コーナーは充実してきたので，購入や選ぶ場合には図書館に下見に行くことをお勧めします。その際，係の図書館員にいろいろアドバイスしてもらうのもよいでしょう。

　児童図書専門図書館として，1984年に大阪の吹田市に「大阪府立国際児童文学館」が，2000年には東京の上野に国会図書館の分館として国立の「国際子ども図書館」がオープンしました。児童図書に関する情報を収集し，センターとしての役割をしています。また，地域の図書館のほかに都道府県立の図書館もあり，互いにネットワークを組んで協力し合っています。インターネットで都道府県の「公立図書館横断検索」と入力すれば，どの図書館に本が在庫しているかが一覧になって示されるシステムが，ほとんどの都道府県で構築されています。一部の公共図書館は，地域に密着し学校等とも連携して，団体貸し出しなどのサービスに力を入れています。時には図書館の廃棄本を学校や個人に払い下げてくれるところもあります。公共図書館との連携は，学校教育と社会教育の協力連携の一環であり，これからも一層進めたい改革の一つです。

【20　参照】

15　新しい絵本が出たことは，どうやって知るのですか

　新聞の広告欄や書店に置かれている社団法人日本書籍出版協会発行**「これから出る本」**（月2回）や，各出版社の新刊案内等が身近な情報資料です。また，各出版社はこぞってホームページで新刊案内を提供しています。各出版社で出す新刊・在庫目録の多くはカラーで見やすく，絵本を選ぶのに役立ちます。また公共図書館で「児童図書目録」を調べたり，絵本コーナーの新刊紹介を利用するのもよいでしょう。

　新聞の図書紹介の欄は，一般の図書のほかに絵本の紹介も充実しています。読書離れへのマスメディアの対応，と見ることもできるでしょう。しかし，こういう紹介の場合は，書評者の好みが強調されがちなので，自分の眼でよく確かめて入手する必要があります。

　2005年の児童書の新刊数は5064点（『出版年鑑2006』）で，全体の新刊点数の約6％に当たり増加の傾向にあります。対象を児童だけに特定しない「ヤングアダルト絵本」（注）が数多く出版され，絵本の対象が広がることを喜ぶ反面，子どもの視点を確実に捉えた絵本を望む声も聞かれます。また，児童を対象とした絵本に関しては，工業技術の進歩などにより形態を加工した「しかけ絵本」（変形絵本ともいう），障害者向けの出版物も増えています。児童書にどれくらい力を入れているかは，その国がどのくらい子どもの教育に力を入れているかを示す，一つの指標といえるでしょう。　【12　13　14　参照】

　　（注）「ヤングアダルト絵本」とは，子どもでもなければ大人でもない「若い大人」と訳される，中高生世代を対象にした絵本を指す。

16　絶版になった絵本は，どうやって探したらいいですか

　古書店に足を運ぶのも一つの方法です。また，多くの公共図書館で，その蔵書をホームページに公開するようになり，インターネットでも検索できます。地域の公共図書館は他の公共図書館とネットワークを組んでいるので，係はほかの図書館に問い合わせ，それでも入手できないときは都道府県の中央図書館に照会し，最後は国会図書館から取り寄せることになります。ただし，国会図書館から取り寄せた図書等は個人には貸し出さないので，公共図書館内で閲覧することになります。このサービスは各都道府県の公共図書館からでも，送料無料で受けることができます。なお，国会図書館の資料には貸し出しをしないものもあり，事前に承知しておく必要があります。例えば，一枚物の地図，逐次刊行物（新聞・雑誌），参考図書等です（注1）。

　国内で出版，頒布された新刊書，その他の出版物（逐次刊行物，楽譜，地図，映画フィルム，マイクロフィルム，カセットテープ，音楽CD，DVD等）は，国会図書館に納本する制度があり，正当な理由がなく納本しなかった場合は，小売価格の5倍以下の科料に処せられることになっています（注2）。　【14　参照】

　　（注1）『図書館ハンドブック』日本図書館協会。
　　（注2）「国立国会図書館法」第24条，第25条。1948年公布。

17 絵本の情報を求めるには，どんなデータやメディアを利用しますか

　公共図書館の各種百科事典のコーナーに行くと，絵本目録や紹介の入門書が見つかるでしょう。次に絵本コーナーに回り，絵本を手にとってみることをお勧めします。絵本を知るには，現物に触れるのが一番です。

　このほか，図版入りの絵本の紹介としては，『**読み語り絵本100**』（CD付き）『**絵本の世界**』『**絵本と絵本作家を知るための本：ママ100人が選ぶ作家別絵本ガイド223冊**』等があります。また，インターネットを利用することもできます。国際子ども図書館，赤木かん子，クレヨンハウスのサイト等にも情報があります(注)。

　また，身近なメディアからでも絵本情報を入手できます。最近の新聞では，家庭欄などにエピソードを交えて絵本紹介を載せることが多くなりました。こうして手に入れた絵本には，その新聞の切り抜きを貼付しておくのもよいでしょう。　【14　20　100　参照】

(注) 絵本検索：国際子ども図書館　http://www.kodomo.go.jp/index.jsp
『読み語り絵本100』（CD付き）（別冊太陽）平凡社。2001年。
『絵本の世界 作品案内と入門講座』森久保仙太郎・偕成社編集部 編。偕成社。1988年。
『絵本と絵本作家を知るための本：ママ100人が選ぶ作家別絵本ガイド223冊』マーブルブックス編。マーブルトロン。2006年。

18　個人的な絵本コレクションの方法を教えてください

　絵本の中には一種の画集といえるものがありますが，図書として必ずしも安くはありません。そこで手軽な集め方として小型絵本はどうでしょう。その中にはベストセラーの普及版あり，しかけ本あり，2～3冊をセットにしてケースに入れたものもあり，いろいろなタイプの絵本を集めることができます。外国の絵本に多いのですが，普及版のソフトカバー絵本が安いのでお薦めです。絵本は子どもが手にするので傷みやすいため，装丁のしっかりしたハードカバーが多いので値段が高くなりがちです。

　自分の好きな作者や画家を中心に集めるのは，一般的なやり方です。欧米の絵本では，この両者が別々のことが多く，アメリカのシャーロット=ゾロトウ のように，詩人で絵本作家であり，編集者でもある，というような人もいます。彼女の絵本は，選ばれた画家が筆をとっています。

　画家を中心に作品を集めると，作風の変化が楽しめます。クイズ本，しかけ本，ABC絵本など，ジャンル別に集めるのも楽しいでしょう。またテーマを決めての絵本探しは楽しみを広げます。例えば旧約聖書の『ノアのはこ舟のものがたり』には，いろいろな国の絵本があるので，その取り上げ方のお国柄の違いを比べるのも面白いものです。

【資料編「I. 本文で引用した絵本の一覧」18　86　参照】

19　主に月刊雑誌のように出版される絵本を教えてください

　月刊絵本ともいわれ，出版社によっては創作童話を紹介したり幼児の年齢を考えた編集に力を入れています。下の表に主な雑誌名をまとめました。

出版社	福音館書店	世界文化社	フレーベル館	ひかりのくに	学習研究社
雑誌名	こどものとも	ワンダーブック	キンダーブック 1, 2, 3	ひかりのくに	くうちゃんえほん
	こどものとも 年中向き	ワンダーランド	キンダーブック じゅにあ	エースひかりのくに	みみちゃんえほん
	こどものとも年少版	ワンダーえほん	ころころえほん	がくしゅうひかりのくに	よいこのくに
	こどものとも 0.1.2	かがくらんど	キンダーメルヘン	ぴこちゃんえほん	プリン
	かがくのとも	ワンダー民話館	キンダーおはなしえほん	こどもとしぜん	よいこのがくしゅう
	おおきなポケット	ワンダー名作館	がくしゅうおおぞら	おはなしひかりのくに	かんきょうかがくえほん
	たくさんのふしぎ	おはなしワンダー	しぜん	ひかりのくにプチパオ	キッズサイエンス

　大正年間には雑誌スタイルの『コドモノクニ』(注) 等があり，一般家庭ではこれらの雑誌を絵本と受け止めていました。このような月刊・直販方式の絵本は，絵本への啓蒙の役割を果たし，創作絵本の母胎ともなりました。これらの絵本は，幼稚園・保育所等が対象なので，月刊保育絵本ともいいます。直販形式のため市販されていないものもあります。購入したいときは，直接出版社にお問合せください。

(注)『コドモノクニ』東京社刊。戦前を代表する芸術的総合雑誌として，1922年から24年間にわたって出版され続けた。［画家］岡本帰一，清水良雄，初山滋，竹久夢二 他。［童謡］北原白秋，野口雨情，西条八十 他。［作曲］中山晋平 他。

20 絵本関係の専門図書館や美術館を教えてください

ここでは，都内や首都圏近くの施設をリストアップしてみました。

	内容・特色	案　内
国際子ども図書館	2000年に設立された，わが国初の国立児童図書専門図書館。国際的な絵本展が開催され，世界の絵本画家の原画をはじめ，優れた図録も用意されている。展示会，講演会，各種イベントを通して子どもの本との出会いを企画。 　　　　開館時間　9:30～17:00	東京都台東区上野公園12-49 JR上野駅公園口から徒歩10分 TEL 03-3827-2053
東京子ども図書館	都内4ヶ所の家庭文庫を母体に，児童文学者松岡享子らが1974年に設立した私立図書館。児童室，文庫，研究資料室をもち，「月例お話の会」の開催や出版など，子どもの本と図書館の質の向上をめざしてさまざまな活動を行う。 　資料室開館　火・水・金　10:00～17:00 　　　　　　　土　　　　10:30～19:00	東京都中野区江原町1-19-10 都営地下鉄大江戸線新江古田駅下車徒歩10分 TEL 03-3565-7711
ちひろ美術館・東京	ちひろの遺作9300点から，約2ヶ月ごとにテーマを変えて紹介。その他，世界の絵本画家の作品展や，大人も子どもも楽しめる，さまざまなジャンルの美術を紹介する企画展を随時開催。 　　　　開館時間　10:00～17:00	東京都練馬区下石神井4-7-2 西武新宿線上井草駅下車徒歩7分 TEL 03-3995-0612
軽井沢絵本の森美術館	欧米の絵本を中心として古典絵本や絵本原画などの絵本資料を蒐集，展示。 　開館時間　3～6月・10～11月　9:30～17:00 　　　　　　7～9月　　　　　　9:30～17:30 　　　　　　12～1月　　　　　　10:00～16:00	長野県北佐久郡軽井沢町塩沢風越公園182-1 軽井沢駅からタクシー8分 TEL 0267-48-3340
ブライアン=ワイルドスミス絵本美術館	大胆な色使いと構図で知られるイギリスのワイルドスミスの絵本原画を所蔵。作品約1000点の中から年2回の企画展で紹介。 　　　　開館時間　10:00～17:00	静岡県伊東市大室高原9-101 伊豆急行線伊豆高原駅下車バス20分 TEL 0557-51-7330

(2008年1月現在)

　日本で最初の児童文学専門の調査・研究機関，資料情報センターとして，「大阪府立国際児童文学館」(注)が，1984年に開館されました。日本と外国の貴重図書の蔵書が多く，明治期のものが約2000点，大正期が約2500点，昭和期（戦前）が約7000点あり，手続きをすれば閲覧することができます。【14　100　参照】

　（注）住所：大阪府吹田市千里万博公園10-6　　大阪モノレール「公園東口」下車徒歩10分
　　　　Tel：06-6876-8800　　http://www.iiclo.or.jp/default.htm

第3章

絵本の選び方は？

21 「よい絵本」とは，どんな絵本ですか

　絵本の世界は子どもにとって発見の連続です。生き生きと語りかける絵が描かれ，選び抜かれた，簡潔で響きが心地よい言葉で書かれた絵本は，子どもの心の糧になるだけでなく，子どもの意思伝達・言葉の獲得にも大事な役目を果たします。例えば，はっきりとしたテーマを持ち，「出かけて行って，元の場所に帰る」という構成の絵本は，子どもに自分の居場所に戻ってこられるという安心感を与え，情緒を安定させる力があります。このような質の高い絵本を選ぶ観点をあげてみましょう。　①豊かなファンタジーの絵本：『**いちご**』のように植物などが話しかける非現実的な世界や，『**てぶくろ**』に見られるような不思議な世界を描いた絵本。　②美術的な絵本：『**あついあつい　ひ**』のように，明るい色，色彩感覚の豊かさ，優れた構図，線や形のよさが感じられる絵本。　③情操的な絵本：『**かさじぞう**』のように，思いやりの心，相手の気持ちになって考えることの大切さが伝わってくる絵本。　④科学的な絵本：『**ふゆめ　がっしょうだん**』のように，知的好奇心に応えてくれる，自然界や日常生活の中の不思議を描いている絵本。　⑤子どもの生活体験に根ざした絵本：『**はじめてのおつかい**』のように，身近な出来事を取り上げ，遊びや冒険のある絵本。

　絵本に対する評価は，社会情勢によって変化する場合もあります。例えば，十数社から出版された「ちびくろ・さんぼ」は，人種差別との関連性が指摘され，1988 年に出版社による自主的な絶版となり，排架した図書館もありました。その後，1999 年に径書房から日本では初めて，原著と同じ内容・装丁・タイトルで『**ちびくろさんぼのおはなし**』が，2005 年には瑞雲舎から岩波版『**ちびくろ・さんぼ**』が復刊されています（注）。この絵本をめぐる議論は，「子どもに好かれる『よい絵本』とはどういうものか」について，より考えを深めようという風潮を生み，その後の日本の絵本出版に大きな影響を与えました。

【22　24　参照】

(注 1)「ちびくろさんぼ」の原作は，1899 年にイギリスで発行されたヘレン=バンナーマンの *The Story of Little Black Sambo* で，各国でいろいろな画家が絵を描き出版された。
(注 2)《関連図書》
　　『「ちびくろサンボ」絶版を考える』径書房編集部編。径書房。1990 年。
　　『焼かれた「ちびくろサンボ」—人種差別と表現・教育の自由』杉村敏明・棚橋美代子著。青木書店。1992 年。
　　『「ちびくろさんぼ」問題をふりかえる』井上靖代。こどもの図書館 52 巻 10 号。2005 年。

22　読み聞かせに適していて子どもに好かれるのは，どんな絵本ですか

　読み手自身が好きになれる絵本が望ましいのはもちろんですが，まず，子どもの発達段階を考えなくてはなりません。例えば，子どもにもふと家を出てどこかに行ってみようかなと思うことがあるでしょう。そんなとき，『**ぼく　にげちゃうよ**』を読んでみてはどうでしょう。「ぼくにげちゃうよ」という子うさぎに「おまえがにげたら，かあさんはおいかけますよ。だって，おまえはとってもかわいいわたしのぼうやだもの」という母さんうさぎ。微笑ましい言葉のやりとりでつづられているこの絵本から，子どもは母親の愛情に気付き，安心感に包まれることでしょう。

　大きくなるってどんなことだろうと不思議に思っている小さい子どもは少なくありません。進級や進学の時期に合わせ読んであげたい絵本に，『**おおきくなるっていうことは**』があります。大きくなるっていうことは，高い木から飛び降りても大丈夫かと考えられること，自分より小さな人にやさしくなれることなのだよ，と絵本は語りかけています。

　『**いたずらこねこ**』『**いない　いない　ばあ**』『**おおきなかぶ**』『**おおきな　おおきな　おおきなかぶ**』『**ちいさいおうち**』等は，場面の展開が巧みで，子どもに人気の読み聞かせ絵本です。『**てぶくろ**』は繰り返しのリズムがよくできていて，思いがけない出来事が起きる面白さが魅力です。『**ぐりとぐら**』は，2匹ののねずみのリズム感あふれるやりとりや，みんなで食べる楽しさが伝わり，子どもは満ち足りた気持ちになります。このように，すでに知っている動物や物事が登場し子どもが理解できる絵本，描写が正確で豊かな言葉が使われている絵本，はっきりしたテーマを持った絵本が子どもの心を引きつけ，共感を呼びます。

　集団に読み聞かせする場合には，子ども一人一人に絵が見えるように，ある程度の大きさが必要です。子どもたちがどこに座っていても，よく見える絵が描かれている絵本を選びましょう。

【23　24　25　44　94　参照】

23　外国語で書かれた絵本の利用方法を教えてください

　読み手がその外国語に堪能である場合は，そのまま原語で読んであげるとよいでしょう。子どもは言葉がわからなくても絵を見てお話の内容を感じ，原語の音やリズムを楽しみます。日本語に翻訳して読んであげる方法もあります。例え訳が拙くても，訳してくれた愛情を子どもは感じとることでしょう。原文に捕らわれることなく，絵だけでお話づくりを楽しむことができるのも，絵本ならではのことです。

　例えば，英語で書かれた *Bear* という作品は，「文字なし絵本」として扱うこともできます。絵がたくさん話しかけてくれるので，取り残される子熊の絵を見せ，「くまの子は，お母さんにしかられています」と語り出します。「ひとりぼっちになったくまの子は，おなかがすきました」「暗くなっていく丘で，あたりを見ました」と話を進めます。そして母熊が，子熊を独り立ちさせる劇的な場面で，母熊の思いを聞き手に伝えるのです。絵が語る内容を読み手が代弁することで，一冊のすてきな絵本になるのです。

【24　73　参照】

24　読み聞かせに適さないのは，どんな絵本ですか

　絵が優れていても言葉が練られていない絵本の場合は，読み手がこれを補って，話を引き出すことができます。反対に文はよくても絵が拙い場合は，その絵を見せなければならず，読み聞かせがしにくい絵本といえるでしょう。どちらにしても，画文不一致は良い絵本といえず，読み聞かせには適しません。優れたイラストレーターのバーナデット＝ワッツやスベン＝オットーは，グリム童話［伝承］やアンデルセン童話［創作童話］を絵本化しました。自分の口から語り聞かせるような見事な絵を描き，『ラプンツェル』『雪の女王』『いばらひめ』『みにくいあひるの子』をはじめ，質の高いすばらしい作品がたくさんあります。

　また外国語で書かれた絵本だからといって読み聞かせができないことはありません。絵本だからこそ，絵が語り，絵によって通じることがあります。

　外国の絵本に比べて日本の絵本には，絵を見て自然にお話が出てくるというより，お話をたどりながら描かれた絵を見る場合の方が多いように思います。

　集団に読み聞かせをする絵本を選ぶ場合，配慮しなければならないことがあります。内容が子どもに好かれていても，絵が小さかったり描写が細かすぎたりする絵本は，どんなにすばらしい絵本であっても，集団への読み聞かせには向きません。また，一つの場面に対して文が長すぎると，子どもはあきて落ちつかなくなることがあります。

【21　22　23　28　29　36　96　参照】

25　絵本は年齢に合わせて選ぶものですか

　乳児が見る絵本は，食べ物や動物・車・家族など身近な内容のものがよいでしょう。もちろん個人差はありますが，絵がはっきりとしているもの，色彩が鮮明なもの，リズム感のある絵本が好まれます。言葉の理解が進むと，話の流れや言葉の繰り返しを楽しめるようになります。読み手の言葉を子どもがまね，それを再び読み手が繰り返し，また子どもが口ずさむ。こうしたやりとりを通して，子どもは楽しみながら言葉の使い方を身につけていくのです。

　そこで，幼児期や小学校低学年の間は，身近にいる人が子どもの理解や興味に応じたものや，季節や年中行事など理解してほしいと思う絵本を選んで，子どもがひとりで手に取れる場所に置いておきます。絵本を選ぶとき，これはまだ読めないなどとあきらめて，置くのをためらう必要はありません。文が難しくても，絵を見て十分楽しむことができます。また，一緒に読む人の工夫次第で，年齢より高いと思われる絵本の場合でも，さまざまな楽しみ方ができます。

　絵本には，対象年齢が明記されているものがあります。しかし，乳児・幼児に対して，興味や理解に応じた配慮が必要な一方で，優れた絵本に引きつけられるのは，個人の関心の程度やセンスの違いなどによることが大きく，年齢に応じた絵本選択を意識する必要はありません。年を重ねて初めて絵本の楽しさに気付き，好きになる場合もあります。いつでも，誰にでも開かれているのが絵本への扉で，これこそ絵本の魅力の一つといえるでしょう。

【7　39　58　63　参照】

26　絵本を見分けるのに，奥付はどのように役にたちますか

　奥付には，①著者名　②発行者・出版社　③初版年・出版年　④刷数等が記されています。和書の奥付は本の終りにあり，洋書の多くは「とびら」の裏ページにあります。日本で翻訳出版された絵本の多くには，「とびら」，あるいはその前後のページに外国での出版・日本での著作権取得等に関する奥付があり，絵本の後ろに日本での出版に関する奥付が載っています。日本での初版年と照合すれば，翻訳されるまでに何年かかったかが分かります。また，カバーの折り返しなどに載るマスコミの書評，作者のプロフィールも大事な情報です。本を選ぶ目安の一つが出版年で，初版年が古ければ読みつがれてきた本といえるでしょう。なお江戸時代の絵本は出版年がないため時代考証ができず，「えほんの会」でも研究上の支障をきたしました。出版年の大事さが分かります。　　【100　参照】

　『りゅうのめのなみだ』の事例をあげてみましょう。奥付に1965年11月1刷，2000年10月76刷とあるので，長い間愛され続けている絵本であることが分かります。本によっては，改訂の年月が書かれている場合があります。これは，作者が絵や文の一部を差し替えたことを示しています。刷数は人気のバロメーターの一つとも考えられますが，出版社に1刷あたりの部数を照会すると社によって数字が異なり，販売上，この数字をはっきりさせたくない事情もあるようです。

27　絵本に男の子向き，女の子向きの区別がありますか

　絵本に登場する女性は，強い個性の持ち主か，心優しい人が多いようです。フランスの絵本の古典『**ジャンヌ=ダルク**』は，女性の伝記として最高傑作の一つです。『**スガンさんの　やぎ**』では，美しい雌山羊が山の狼に襲われます。自由を求める彼女は，夜を徹して恐ろしい相手に立ち向かい，ついに力尽きて倒れるのです。

　『**花さき山**』のあやや，『**くまの　コールテンくん**』のリサちゃんは，思いやりのある優しい女の子です。『**三月ひなのつき**』は，貧しい母親がおひなさまを欲しがる娘のために手作り雛を作る物語です。温かい母性に惹かれ，大人になってもこの絵本を愛読書とした男性もいます。また，岩崎ちひろは優しくてシンの強い美しい女性像を描いています。

　お節句の桃太郎や凧絵に描かれる金太郎は，男の子の顔です。日本の絵本では，これほどの男の子の顔は創作されていないようです。『**かいじゅうたちのいるところ**』のマックのようないたずらっ子は，男の子のほうが好むようです。

　このように，男の子，あるいは女の子に好まれる傾向にある絵本はありますが，よい絵本なら，男女の区別など問題にしないでよいのです。

28 残酷なシーンのものは，子どもから遠ざけるべきですか

　自分より弱い者を身体的・精神的に痛めつける，悲しい事件が頻繁に起きています。そして，加害者が残酷な映画や本を好んだとの報道があると，大人はそれらすべてを子どもたちから遠ざけたくなります。

　しかし，残酷なシーンが物語の中で深い意味を持っている場合もあります。例えば『**スガンさんの　やぎ**』では，狭い小屋を嫌い自由を求めてとび出した山羊が狼に襲われ死闘を繰り広げますが，力尽きて死んでしまいます。戦いの場面は一転して緊迫感が漂います。この絵本は，自由の裏にある自らの行為に責任を持つことの厳しさを教えているのです。

　残酷なシーンは，昔話や民話にもよく見られます。イギリス民話『**三びきのこぶた**』では，二匹の豚と狼が食べられてしまいます。また，イソップ物語『**ありと　きりぎりす**』はフランスでは『**せみと　あり**』として知られていますが，ありは，冬に助けを求めてやって来たせみを追い出します。困ったときは助け合う話に親しんできた私たちには，この行為が残酷に感じられます。しかし，気候や文化の違うこれらの国では，幼いころから人に頼らず自分の力で生きることを教える必要があるのです。日本にも継子いじめなど残酷な内容を伴った民話が存在していましたが，劇作家・民話採集者の瀬川拓男によると，明治以降子どもの前からこれらは覆い隠され作り変えられてしまったそうです（注）。現在では前述したような，原作に忠実な絵本も出版されています。このように「残酷」のとらえ方や伝え方は，文化や国民性，教育・政治のあり方に影響されるといえるでしょう。子どもに絵本を与えるときには，生きる厳しさや異文化の視点など，子どもに何を感じてほしいかを考え吟味する必要があるといえるでしょう。

【**27　32**　参照】

（注）『残酷の悲劇　日本の民話 10』瀬川拓男・松谷みよ子編。角川書店。1973 年。

29　悲しい結末の作品は避け，ハッピーエンドで終わるものがいいですか

　幼いころ，「白雪姫」や「シンデレラ」を読んで，うっとりと幸せな気分になった思い出はありませんか。また，『三びきのこぶた』や『三びきのやぎのがらがらどん』を読んで，自分も賢い子豚や強い山羊と一緒になって，狼やトロルを倒した記憶はありませんか。

　子どもたちは主人公が辛い目にあってどうなるだろう，とハラハラドキドキするけれども，最後は問題が解決して「めでたし，めでたし」という話が大好きです。身の周りのいろいろな出来事に対して旺盛な興味を示す一方で，未知のことを前に不安も感じている子どもにとって，ハッピーエンドで終わるお話は，「ああよかった，主人公はうまくいったから自分も自分のままでいいんだ」という自己肯定感・安心感を与えるのでしょう。

　しかし，悲しい結末で終わるお話は与えない方がいい，というのではありません。『**ないた　あかおに**』の最後の場面で赤おにが青おにの手紙を読んで涙を流すシーン，『**にんぎょひめ**』で人魚が泡になってしまうシーンなど，主人公の深い悲しみに触れることは，他人を思いやる心を育てることにつながります。なぜ泣いているのか十分理解できなかったとしても，絵や言葉から悲しそうだということを感じ取ればいいのです。世の中には，自分の思い通りにいかないこともあること，その辛さ・悲しさを背負いながら分かち合いながら生きていることを，時間をかけて感じ取ってくれればいいと思います。

30　絵本の言葉づかいは，どのようなものが望ましいですか

　赤ちゃんは，泣いて不快や不満を発散させます。周囲の人は，その意味をくみ取って応じます。そして，こうしたやりとりを何回も繰り返す中で，赤ちゃんと身近な養育者は次第に互いの気持ちを伝え合うことができるようになります。言葉は，子どもの身体的・精神的成長とともに，このような気持ちの一体感を基盤として獲得されます。子どもは，身近な人の言葉を模倣しながら語彙を増やし，意味を補われたりいい直されたりしながら，次第により多くの人と伝え合う言葉を学んでいきます。自分の気持ちをわかりやすく伝え，相手の思いを受け止めるために，これは重要なことです。そのため，そのときの心の動き，雰囲気や情景をリアルに表現した言葉づかいの絵本を選ぶのがよいでしょう。

　また，読み手のイマジネーションをより掻き立てるような言葉が使われている絵本もお薦めです。例えば『**キャベツくん**』では，ぶたやまさんが「キャベツ，おまえをたべる！」と言いますが，この一見乱暴とも見える言葉におなかがぺこぺこで切羽詰った状況がよく出ています。また『**ひゅるひゅる**』で使われる武士の言葉は，当時の雰囲気に浸るのにぴったりですし，『**じごくのそうべえ**』の関西弁も標準語では伝えられない温かみや面白さを伝え，お話を盛り上げます。

　子どもが，逆さ言葉を笑いながらまねたり，詩を口ずさんでいることもあります。こうした耳に快く響く言葉を楽しむ知恵を絵本から見つけるのも豊かな情緒の発達に必要でしょう。

【74　75　参照】

31 シリーズ本は，できるだけ揃える方がいいですか

　昔話や童話といったジャンル，科学物といった特定の分野を中心にするなど，いろいろなタイプのシリーズ本があります。また，いぬ，ねこ，さる，うさぎ，くまなどの動物を主人公にした優れたシリーズもあります。

　エルマーという子が登場するシリーズでは，どの本も主人公エルマーの親切で勇気あるやさしい心にふれることができます。リズミカルでテンポの早い展開が子どもの心を捉え，エルマーたちと一緒に冒険している気分になれるのがこのシリーズの魅力でしょう。

　シリーズ本を揃えるのがよいかどうかは，子どもの希望や蔵書の規模によります。一般に図書館では，全集，叢書類はできるだけ全巻揃えるようにしますが，限られた個人の蔵書の中にバラエティを持たせるには，シリーズの中から適当な本を選んで蔵書を構成する必要もあるでしょう。

【18　参照】

32 同じお話で何種類もの絵本がある場合，どう選んだらいいですか

　絵本の絵の違いは，選ぶ際の重要な観点の一つです。「三びきのこぶた」を比べてみましょう。『三びきのこぶた』は，落ち着いた茶色系統の色づかいで，余白のある画面構成の中に，選び抜かれた場面がリアルに描かれています。この絵本は，時間の異なるいくつかの出来事を，1ページに入れるなどの工夫がみられ，裸で登場する子豚や狼には本物のような迫力があります。読者は，切り取られた出来事の一部分を補い，つなげながら想像を膨らませることができます。一方，『**さんびきの　こぶた**』は，洋服を着た子豚と裸の狼が登場し，狼と子豚の色の対比が美しく描かれています。狼が力強く大きく，自信満々に家を吹き飛ばす場面のほかに，子豚が家の材料をもらう場面，家が完成する場面もそれぞれに描かれています。子豚や狼の目の動きは，感情を鮮やかに伝えます。また，全体的にカラフルで，洋服姿でバイオリンや笛を持った楽しげな子豚と狼が登場する，ディズニー絵本『**3びきのこぶた**』もあります。この絵本では，狼が息を吹くとズボンがずり落ちたり，家が吹き飛ばされる場面では激しい動きが表現されていて，娯楽版としてお話を伝えようとする意図が感じられます。

　次に物語を比べてみましょう。最初の2冊は，原作に沿った内容で，家が貧乏なため3匹は自立しなければならず，狼との力比べ・知恵比べの末，敗れた方は食べられてしまうという緊迫した展開が子どもを物語に引きこみます。これに対して最後の1冊は，自分の好きな家を建てようと楽しく出発し，悪い狼をこらしめて子豚たちは幸せに暮らすという結末で，3匹の仲のよさが強調されています。

　これら3冊には，それぞれのよさがあり選ぶのに迷うでしょう。公共図書館などを利用して子どもたちと読み比べ，画家の絵の描き方，物語の展開の違いなどを比較してみるのも，絵本ならではの楽しみ方です。選ぶ際には，描線がしっかりしていてデッサン力があり，生命力を感じる絵本，子どもの心をゆさぶり子ども自身が何度も読みたがる絵本，大人自身も感動できる絵本，版を重ねて長く読み継がれている絵本がよいでしょう。

【14　26　28　参照】

33 外国の絵本を読むとき，大切なことは何ですか

　日本は絵本市場の豊かな国の一つで，たくさんの外国の絵本が翻訳され，子どもを始め絵本ファンは恵まれているといえるでしょう。従来は欧米の絵本が主流でしたが，韓国の『あかてぬぐいの　おくさんと　7にんのなかま』『こいぬのうんち』，ガーナの *Fati and the Honey Tree*，スリランカの『ねこのくにのおきゃくさま』など，最近ではアジア，アフリカ，南米などの国々の作品も広く手にすることができるようになりました。

　外国の絵本の扱いにくさは，風俗や習慣などに見られる異文化の問題があるようです。例えば，手でカレーを食べたり，片ひざを立てて座るなど，国によって異なる習慣があります。こうした自分たちの習慣と異なったことに抵抗感を持ってしまう人も少なからずいるようです。自分の文化に固執するあまり，読み聞かせの中で差別的な感情を挿入することは禁物です。幼児や子どものころは，異文化に対する抵抗感がなく，素直に相手を受け入れる純粋さがあります。異文化理解はこれが基本ですが，知識が増えるに従い差別の感情が生まれやすくなります。子どもたちに外国人やその国の生活文化を理解する態度を身につけさせるのは，とても大事なことです。

【81　参照】

　絵本には，それぞれの国の文化や伝統が反映しています。お話を読むだけでなく，外国文化を理解するメディアとしての絵本の価値に気付いてほしいのです。絵本を選ぶときは，こうした観点も念頭におきましょう。

第4章

読み聞かせのときの子どもの反応は?

34 子どもが絵本に心を動かされるのは，どんな場面ですか

　『スイミー』では，子どもたちはまるで自分が小さな賢い魚スイミーになったかのように物語に入っていきます。小さな魚のスイミーがひとりぼっちになってしまう場面では自分のことのように心配し，みんなと一緒に力を合わせると大きな魚になれることを思いつく場面では，その生きる知恵に勇気をもらい心を動かされます。

　『こすずめのぼうけん』では，巣立ちのときを迎えたこすずめが母鳥の言いつけを聞かず飛んで行き，迷子になってしまいます。この場面で子どもたちは，こすずめを心配してはらはらします。やがて疲れて地面を歩くこすずめは，向こうから歩いてくる母鳥の姿を見つけます。こすずめが母鳥のあたたかい翼の下で眠ることができたとき，子どもたちはこすずめと一緒にほっとし，心を和ませます。

　『しろいうさぎとくろいうさぎ』では，黒いうさぎの悲しそうな顔に子どもたちはどんな悲しみなのかと心をくだき，「きみといつまでもいっしょにいられますように……」と願い，白いうさぎが「そのこと，もっと　いっしょうけんめい　ねがってごらん」と手を取り合う場面で，一緒になって祈るでしょう。

　このように，子どもは絵本を読みながら自分を登場人物に同化させて，登場人物の思いや考えに心を動かされるのです。

35 自然の摂理や生命の尊さに対する，子どもの思いがけない反応例を教えてください

　『カボチャ　ありがとう』では，大きなカボチャが足を出して歩きます。飢えた動物，鳥，虫たちがカボチャを食べに寄ってきます。カボチャはみんなを背中に乗せ，自由に食べさせます。最後に残ったタネは地中に入り，みんなのことを思いながら眠ります。アフリカの大地に生活した作者の，自然への愛とヒューマニズムが力強く伝わってくる作品です。

　幼児の反応は，自然に対する経験の程度によります。ある子は，「地中のカボチャは死んだ」と言い，カボチャを実際に作った経験のある子はこれをきっぱり否定し，「タネからまた芽が出てくるよ」と言いました。「地中のタネは，いつ食べられるようになるのか」という問いには，「100年経って」「あした」など，脈絡なく思いついたことを答える子もいます。「タネは強いんだよ，心臓があって芽が出てくる」と逞しさを感じ取った発言もあります。この絵本から，実（生命）を与え食べられることによってタネからまた芽が出て生命が蘇る，という自然の摂理と生命の尊さを感じ取らせるためには，自然とのふれ合いと繰り返しの読み聞かせが必要なのでしょう。

　小学校2・3年になると，「子どもを増やすために食べさせたんだ」ということを感じる子も出てきます。その一方，タネがその後どう生きるかのお話づくりをすると，カボチャレストランを開くとか，牢屋に入れられたカボチャ氏が脱走して捕まるなど，アニメーション的な発想も出てきたりします。こうなるとイマジネーションは豊かですが，もっと自然にふれ，情操を豊かにする必要を痛感します。

36 アニメーションや漫画を見せるのと読み聞かせは，何が違うのですか

　子どもたちは，なぜ読み聞かせを好むのでしょうか。子どもたちの周りには，音楽や映像に趣向が凝らされ，お話の世界に入りやすいアニメーションもあります。また，絵によってわかりやすく表現されている漫画があふれています。しかし，どちらも非常にテンポが早く，次々に変わる場面と言葉についていくのは，言葉を覚えたての子どもにとって難しいことです。

　それに対して，読み聞かせでは，子どもの表情を見ながらゆっくりと場面を変えたり，繰り返すことが可能です。気に入ったページを心ゆくまで見て，絵のすばらしさに浸り，絵からいろいろなことを発見する楽しみも味わうことができます。また，読後に，ここは恐かったなどと話し合うこともできます。

　子どもたちは，絵本を読んでもらう中で，ゆったりとした時間の流れや自分に寄り添ってくれる人の温かさを感じ，満ち足りたひとときを過ごしているのでしょう。そして，読み手と一緒にお話の世界の面白さを何度も経験しながら，次第に自分からイメージの世界を広げていくようになるのです。まさに読み聞かせは，自分だったらどうしただろうか，なぜこうなるのか，と子ども自身が自分で感じ，学んでいく手助けをしているのです。

　小学生のころになって，物語のアニメ版や漫画版を好むようになっても，こうした楽しい読み聞かせでお話をたくさん聞いた経験があれば，ただ受身の姿勢で筋を追うだけにはならないはずです。

【96　参照】

37　絵本を紙芝居に作りかえたいのですが

　教材教具の進歩は日進月歩で，絵本の世界にもその波は押し寄せています。かつて便利とされたスライドやOHP（オーバーヘッドプロジェクター）よりも，パソコンを利用したプレゼンテーション，デジタルカメラや実物投影機の利用などが増えてきました。ところが，昔から変わらず愛用されているものがあります。紙芝居です。

　読んでもらった絵本が子どもの心に残り，お楽しみ会などで紙芝居にして楽しみたいというときもあるでしょう。それは劇化遊びなどと同じ，子どもの表現欲求の一つです。しかし，紙芝居に作り変えると，絵本の良さが損なわれることもあります。絵本そのものが優れた教材なのですから，絵本から紙芝居を作るにはお話をよく理解し，教育効果を見極めなければなりません。子どもが絵にしたいという場面をよく聞き，話し合い，子どもの心に残ったことを大事にして取り組みましょう。紙芝居の裏には絵本の文の写しのほかに，声の強弱やスピードなどの演出上の注意を書き添えて，表現の教育効果をねらうこともできます。子どもが読書感想画のように自作することもよく，親や教師と一緒に制作すれば，すてきな思い出になるでしょう。また，小さい絵本を集団に読み聞かせしたい場合，大判の紙芝居を手作りして子どもたちに喜ばれる場合もあります。「この絵本を読んであげたい」という，読み手の気持ちを感じ取るからでしょう。

【 22　24　70　96　参照】

38　少ない絵本をじっくり読むのとたくさん読むのとでは，どちらが望ましいですか

　どちらがよりよいのかではなく，それぞれの長所，短所に加えて，子どもの好み，興味や発達段階なども考慮に入れることが大事な点です。

　例えば，よく知られた日本の昔話の絵本などは，いろいろ読み聞かせてあげてほしいと思います。しかし，同時に，子どものお気に入りの絵本は，請われるままに何度でも読み聞かせてあげましょう。子どもは，絵本は読んでもらうたびにお話や絵の中に新しい発見があることを知っているのです。いい絵本は，何度読み聞かせをしてもらってもあきることなく，その奥深さにゆえに楽しみが深まっていくものです。このように出会った絵本が，幼い時の思い出の一冊になることが多いのです。

　幼い子どもたちには，できるだけよい絵本を選びましょう。大きくなって関心が広がるにつれ，子ども自身が自分でいろいろな本を求めていくことを期待しましょう。

　多読と精読のバランスのとれた読み方が絵本の読み聞かせを通して浸透していけば，子どもの知的生活の基礎はしっかりと築かれていくでしょう。

【 21　22　24　29　30　32　41　参照】

39 聞き手の年齢が異なる場合，絵本のレベルをどこに定めたらいいですか

　絵本の内容や，聞き手の読み聞かせへの慣れにもよるので，その場に応じた判断と対応が必要になります。大事なのは，小さい子も大きい子も楽しめる絵本を選ぶことです。対象年齢を指定する絵本がありますが，絵本によっては子どもから大人まで楽しめるのですから，いい作品なら年齢指定には特にこだわらないで選んでみましょう。お年寄りに読んであげるなど，大人が対象の場合には，聞きたい絵本についてあらかじめ意見を聞くのもよいでしょう。

　読み聞かせは，年齢幅の低い方に合わせるのが無難と思われます。大きい子どもには，「一緒におとなしく聞いてね」などと声をかけるのもよいでしょう。大きい子が絵本の内容を知っている場合，それを教えたくて途中から口を挟むかもしれません。「お話が終わってから，（小さい子に）教えてあげてね」と，年上の子の立場を考えてこっそり事前に言葉をかけておくとよいでしょう。

　年齢差のある集団にはやりにくさはありますが，いい面もあります。年上の子にお手本になるように頼んだり，小さい子の面倒を見て貰うようにするなど，そのメリットをうまく生かせるように工夫してはどうでしょうか。

【25　参照】

第5章

読み聞かせの方法・工夫やアイディアは？

第5章 読み聞かせの方法・アイディアは？

40 外遊びの好きな子を読み聞かせに誘うことはできますか

　外遊びの大好きなAちゃんがいます。Aちゃんは，アリが行列をつくって餌を運んでいる様子に見入ったり，草花を摘んでごちそう作りを楽しんだりします。図鑑はもちろん絵本も大好きで，絵本の1ページ1ページを好奇心に満ちた目で見て小さな虫一匹の存在に気付くなど，たくさんの発見をしています。　　　　　　　　　　　　　【56 参照】
　外遊びの好きな子が，必ずしも絵本に関心を示さないとは限りません。むしろ，そういう子ほど五官や感覚をフル回転させながら遊び，感性も豊かであることが多いようです。外遊びを楽しんでいるとき，無理に絵本に誘うのではなく，十分満足できるまで楽しませた後に読み聞かせをするといいでしょう。外遊びを思う存分楽しんだ心と体は，目の前に広がる絵本の世界に抵抗なく入り込んでいくと思います。
　こういう子どもたちには，自然界を描いた絵本や，冒険心をくすぐるワクワク，ドキドキするような絵本を選ぶとよいでしょう。

41 一度読み聞かせた絵本でも，繰り返し読んであげる方がいいですか

　子どもに絵本を読んであげると，じっと食いいるように見ていることがあります。そして，時折，大人も顔負けの観察力を持っていることに気付かされます。絵本を繰り返し読むことは，その観察力をさらに育むことにつながります。
　初めての絵本を読み聞かせをしたときに，子どもがあまり反応を示さず，無表情ともとれる大まじめな顔で聞いているので，張り合いのないことさえあります。『**スイミー**』を取り上げたときも，1回目はただ不思議な色づかいの絵に心を奪われ，次々に登場する海の生き物を見ながらだまって聞いているだけでした。ところが，何回か読むうちに，「あ，いせえびだ」「うなぎだよ」などの声が聞こえ，絵の細かい部分にも気付くようになりました。
　次の年，5歳になってから読み聞かせると，「小さな魚がみんなで力を合わせて，大きな魚を追い出すんだ」といった本来のテーマや心情的なものに気付くまでに成長していました。子どもたちは，読んですぐに期待通りの反応を示すとは限りません。読み聞かせの繰り返しの中で見方を深め，成長を遂げ，絵本が好きになっていくのです。このような子どもの成長のプロセスを，ゆとりをもって見守りたいものです。　　　　　【46 参照】

42　図鑑ばかり見ている子に，読み聞かせへの興味を持たせることができますか

　その子の好きな図鑑の内容を知ることが大事です。一緒にその図鑑を楽しみましょう。それから機会を見て，図鑑に載っている物や動物などを取り上げた絵本を見せるのもいいと思います。例えば「乗り物図鑑の汽車の絵本を見つけたよ」と言って，『**いたずらきかんしゃちゅうちゅう**』を読み聞かせてあげてみてはどうでしょうか。まわりの子どもも仲間に入れてあげましょう。「Ａちゃんの好きな汽車の話よ」と言葉を添えるとよいと思います。

　読み終わってからもう一度みんなで一緒に図鑑で確かめれば，図鑑への興味を伝え広げることもできます。図鑑マニアの子どもにとっても，嬉しいことに違いありません。これをきっかけに同じ題材を取り上げている，ほかの絵本も読んでみたいと思う気持ちになるかもしれません。

　子どもが興味を持っていることに，大人も理解を示すことが大事です。認められたことで，子どもはとても喜びます。こうして子どもは，意欲を育て，興味を広げ，同時に友だちとのつながりを深めていくのです。

43　読み聞かせの途中で質問されたとき，そのたびに答えた方がいいですか

　豊富な情報に囲まれている子どもたちは，新しい知識に恵まれている反面，皮の付いたタケノコの姿を知らないとか，ネコがネズミを捕ることを知らないなど，絵本の内容を理解するのに必要な生活経験や伝統文化の知識が意外に乏しいことがあります。そのようなときは，読み聞かせをする前に，分かりにくい言葉の意味を簡単に説明してから始めるとよいでしょう。読み聞かせには，話のリズムと雰囲気が大事ですから，それを損なわないような対応が必要です。言葉について質問され，それが分からないと話の筋がたどりにくいなら，短い説明でさりげなく話し，すぐお話に戻るようにします。子どもたちが質問に気をとられ，絵本に集中する気持ちが途切れてしまわないように注意します。

　「お話の主人公がそれからどうなるのか」などの内容に関する質問には，その場に応じて判断し，「さあ，どうなるのかな」とお話への関心を促し，熱心な質問に頷いたり，時には聞き流したりして，話が中断しないようにします。

　また，子どもならではの突拍子もない質問に窮することもあります。「分からないから，あとで調べて話してあげるね」と約束して素直に降参し，後できちんと答えてあげましょう。

【48　参照】

44　読み聞かせの途中で子どもがあきてしまったら、どうしたらいいですか

　柔軟に対応しましょう。子どもがあきてしまう原因が絵本の選び方にあるなら、無理に続けても仕方がありません。子どもの様子を見て絵本を替えるとか、上手にうち切って別の遊びに転換することも考えましょう。

　子どもは本来絵本を見たり話を聞くのが大好きですから、あきる原因が読み聞かせのやり方による場合も多いのです。声が小さい、語尾が聞き取れない、絵が小さくてよく見えない、あるいは、絵本の持ち方やページのめくり方が適切でないため絵を見にくくしてしまい、子どもの興味や関心を失わせてしまうこともあります。

　子どもをあきさせないためには、環境を整えることも大事です。絵本を見たり、読み聞かせをしてもらうのには望ましい環境があります。それについては、質問47, 91を参照してください。

【21　22　24　47　51　52　53　91　参照】

45　子どもが絵本の食べ物に気をとられてしまったら、どうしたらいいですか

　おいしそうな食べ物の絵を見て、思わず食べたくなり、触ってみたくなることもあるでしょう。聞き手が少なければ、絵に触れたり、食べる真似をしながら話を続けることができますが、大勢の場合はそうもいきません。同じことをしたい子が出てきて収拾がつかなくなり、読み聞かせも中断しなければなりません。

　対処の仕方はその時々に応じて異なりますが、注意したり叱ったりはせず、内容を楽しむように、「おいしそうね」とか「食べたくなっちゃうね」などと子どもの気持ちに共感しながら、「でも、今は坐って話を聞こうね」と言い聞かせたり、あるいは食べ物を絵本から取り出す真似をして、「さあ、どうぞ」とみんなで食べる真似をしてみせたりします。これもその場の状況判断によります。

　集団に読み聞かせした後は、手の触れる場所に絵本を展示し、じっくり楽しめるようにしてあげましょう。

46　ひとりで読むようになったら，もう読み聞かせの必要はないですか

　読み聞かせを楽しんだ子どもは自分から絵本を取り出し，ページを開くようになります。字を読めない幼児が絵本を見ているときは，読んでもらったお話を，今度は絵を通して楽しんでいるのです。"読書"の邪魔をせず，そっと見守ってあげましょう。しかし，読み聞かせの必要がなくなるわけではありません。絵本は，本来読んであげるためのものです(注)。子どもが一字一字たどたどしく文字を追う読み方では，お話のおもしろさを味わうことはできないでしょう。文字を追うことが精一杯で，絵を楽しむことができなくなってしまうからです。読み聞かせでは，子どもはお話を耳で聞く快さを味わいながら，目で絵を隅から隅まで読み取り，わくわくして物語の世界に浸っているのです。子どもは，このようにして何度も聞いたお話を，全部覚えてしまうこともまれではありません。忙しい家事の合間をぬって絵本の読み聞かせをしたとき，子どもは自分のためにお父さんやお母さんが時間を割いてくれたことで，親の愛情をしっかりと感じ取ります。だからこそ，ひとりですらすらと読める年齢になっても，「読んで」と求められた場合には気持ちよく読んであげましょう。

　（注）このことについては，多数の著書でも述べられているが，その1冊を紹介する。
　　　◆私の絵本編集の基本方針の一つは，「"絵本は子ども自身に読ませる本ではない。大人が子どもに読んでやる本である"ということ。」「ほんとうの絵本は，それを読んでもらったときに，聴き手の子どもが自分自身で創造するのです。子どもは絵本を読んでもらうとき，耳で聞く文章と，まったく同時に眼で読み取る挿絵とにより，想像力を懸命に働かせて物語の世界を思い描きます。」　松居直著『絵本のよろこび』より　【1　参照】

47 読み聞かせのとき，聞き手をどう座らせたらいいですか

　集団に読み聞かせをするときには，全員によく絵が見え，絵本に集中できるような場所を探します。部屋を見回し，読み手の背後がすっきりとして，聞き手が外の景色や人，車の動きに気をとられない場所を選びます。また，外光にも注意して，聞き手の背に外光があたるように座らせます。部屋のコーナーを利用したり，カーペットやござを敷いたり，扇状に座らせたりする方法があります。時折，降園時間間際に，子どもたちがカバンを提げ荷物を周りに置いたまま，読み聞かせを聞いている姿を見かけます。これでは，手にしたもので遊んだり，横に広がって見えにくくなってしまいます。より楽しいひと時とするために，読み手の僅かな配慮が必要です。

　一方，家庭で親子で読む場合は，細かいことを気にせずに自由な姿勢で読み進めていくのがよいでしょう。子どもを横に座らせると，聞いている子どもの表情が見え，子どもの心の動きがよく分かります。なかなか子どもとの触れ合いの時間をとれない親にとっては，抱っこして読んであげることで，子どもとのスキンシップを図ることもできるでしょう。子どもは大人を独占でき，自分のために時間を取ってくれることが嬉しいのです。その温かな触れ合いを大切にしたいものです。もちろん，照明には気をつけて，テレビを消すのを忘れないようにしましょう。

48　読み聞かせを始めるときの工夫を教えてください

　絵本の題から，子どもの関心やお話への期待を引き出すようにするのも一つの方法です。絵本を見せる前に，題名から自由に思いつく言葉をあげてもらい，「さあ，何がでてくるかな？」「どんなお話かな？」と，問いかけてから読み始めます。表紙の絵を見せて問いかけてもいいでしょう。『はじめてのおつかい』では，お使いの経験を思い出させるのも一案です。『はっけん・はっけん　大はっけん！』では，「発見って，どんな発見かな？」と期待させるように話しかけてみます。読み手が，「こんなことあったのよ」とお話に関連した日常的な経験を話して聞かせる方法もあります。そのためにも，子どもの日ごろの様子や生活環境を，よく観察しておくことが大事です。

　『あおくんときいろちゃん』のように，事前に絵の具遊びなどをして，混色によって新しい色が生まれることを経験させておくのも効果的な方法です。読み聞かせの当日は，青と黄のセロファンを重ねて変色を確認させるのもいいでしょう。

　読む絵本に登場するカボチャ，タケノコなどの実物を見せ，「食べたことある？」などと問いかけ，興味を引き出してから読み始めるのも一案です。

　こうした方法を使うときの留意点は，絵本の内容にあまり立ち入らないことです。

【43　参照】

49　読み聞かせを終わるときの工夫を教えてください

　絵本を読み終わったとき，お話について感想を聞いたり，「こういうときには，こうしたらいいね」などと自分の意見を押しつけたりすると，子どもは自由なイメージを描くことができず，他人から押しつけられた世界に閉じこめられてしまいます。絵本を読み終えた後は教訓めいた話をさけ，そっと絵本を閉じ，裏表紙までゆっくり見せましょう。そして，最後にもう一度，表紙を見せるなどして絵本の世界の余韻に浸る時間を大事にしたいと思います。絵本によっては，表の表紙と裏表紙が一つながりの絵になっていることもあります。そのような場合は，表紙全体を広げて見せることも忘れないようにしましょう。

　一方，科学的な内容の絵本，あるいは絵本をもとにお話づくりや，劇遊びに発展させるなどの活動につなげる場合には，積極的に子どもの想像力や発想を引き出す必要があります。ここでは子どもたちの発見や創造的活動を発展させ，共通のものにするねらいがあるからです。

【4　参照】

第5章 読み聞かせの方法・アイディアは？

50 読み聞かせのときの，絵本の持ち方を教えてください

　読む前の準備として，開きぐせをつけておきます。特に新しい本は開きぐせをしっかりつけておかないと，読むとき，のど（ページを綴じてある中央の部分）が膨らんで持ちにくい上，子どもたちからは絵が見えにくくなってしまいます。開きぐせをつけるには，本を平らな机の上に置いて本の小口（切り口・横断面）のところを片手で軽く持ち，片側の表紙を開いて，表紙の付け根をもう片方の手の指で端から端（本の天と地）までしっかり押します。反対側の表紙も同じようにして表紙がきれいに開いたら，本の中のページを両端から数ページずつとりのどを指でしっかり押さえ，最後に本の中央のページを手のひらで上から押さえます。また，ページがめくりやすいように，下端に軽くめくりぐせをつけておくと，ページがめくりやすくなります。椅子に座っている子どもたちを前にして読むときは，読み手は立って読みます。また，子どもたちが床に座る場合は，読み手はひざを折ったり椅子に腰掛けたりして，絵本を子どもの目線に合わせて読みます。

　右開きの絵本は左手で，左開きの絵本は右手で，本ののどのあたりを持ち，本が平らに開くようにします。左開き，右開きそれぞれの持つ手が異なるのは，聞き手の子どもたちが，ページの進む方向に描かれている絵をスムーズに目で追っていけるように，また，ページをめくるとき手が邪魔にならないようにするためです。読むときは，絵本が読み手の身体でかくれてしまわないよう，本を傾けたりグラグラさせたりしないように気をつけましょう。本を支えるには，下に示した読み聞かせ台を使えば便利です。　【53　参照】

◆読み聞かせ用の台の作り方◆　［あれば便利！　簡単につくれる］

①材料：ベニヤ板　皮の切れ端　接着用ボンド　釘またはネジ　塗料
②寸法：日頃使用する本の大きさに合わせる［図に示した規格は一応の参考］。
③仕上げの塗装：ラッカーなどで，好みの色に仕上げる。

　板はあり合わせでよい。皮は爪状と帯状に切り，それぞれ本のページ押さえと台を支える指押さえにする。これを止めるのにネジか釘を使用する。指押さえのバンドは自分の手の大きさに合わせて馴染むように調整する。木と木の接着に釘またはボンドを使用する。

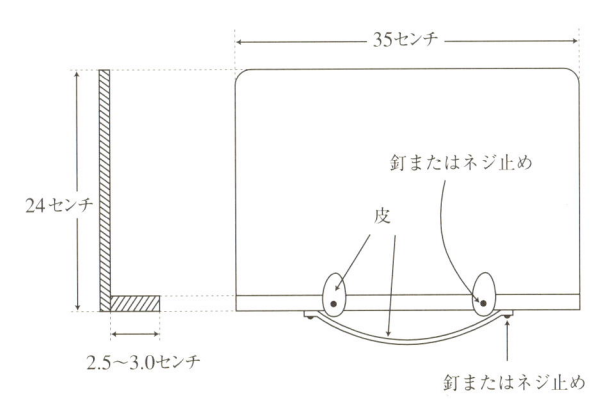

51　読み聞かせの声は，どのように工夫したらいいですか

　感情を入れすぎたり，あまりにも大きな声を出したりすると，読み手の感情を聞き手に押し付けてしまうことになりかねません。例えば，『三びきのやぎのがらがらどん』の大山羊がトロルと戦うクライマックスの場面を，大声でオーバーな抑揚をつけて読むと，子どもの心に残るのは，戦う山羊への共感ではなく，読み手の迫真の演技だけになってしまう恐れがあります。自分が幼いころに読んで貰った心地よさを思い出してみましょう。子どもが絵本に集中できるように，落ち着いた声で，言葉は丁寧にはっきりと発音し，子どもが聞き取れるように読みましょう。大げさなセリフまわしや，声色，身振り手振りはいりません。大事だと思ったところは，声を低めにするとよいでしょう。

　集団に読み聞かせするときには，自分の読み聞かせをテープに吹き込んで練習してみてはいかがでしょう。声の強弱・リズム・語尾が消えてはっきりしないかどうか，間のとり方の癖などがよく分かります。

　まず，読み手がその本を好きになることが大切です。大事なのはお話そのものが持つ力を素直に伝えることであり，読み方の技術ではありません。自信を持って，読み聞かせにチャレンジしてみましょう。

【44　52　参照】

52　読み聞かせの速度は，どれくらいがいいのですか

　素直な気持ちで，心を込め，落ち着いてゆっくり読むことを心がけましょう。ページをめくってすぐに続きを読み始めるのではなく，一呼吸おくのがよいでしょう。場面が変わると子どもは文字を追うのではなく，新しい場面の絵を隅々まで集中して見るのです。そして，イメージを膨らませながら読み手の言葉を待ちます。そこに読み手の声が聞こえてくると，安心して「お話の世界」に入ることができます。その後は子どもの表情を見ながら，子どもの反応のペースに合わせて読み進めましょう。大事だと思う所は間を十分にとり，特にていねいにゆっくり読むようにするとよいでしょう。

　絵本の内容や場面によっては，速度を変える必要があります。冒険の話，愛らしい話，愉快な話などがそれぞれ異なるように，読み聞かせの速度も同じではありません。例えば『スーホの白い馬』(注)では，白い馬がスーホのところに帰りたくて草原を走り抜けます。そこをスピード感を出して読むと，「早く逃げて，追っ手に捕まらないで……」と子どもたちは祈り，まるで白い馬になったような気持ちにさせられます。物語の主人公の無事や幸福を祈る願いは，読み手の肉声を通して作者と子どもが共感するところです。この共感こそが，人間として大切な「こころ」を育てていくのです。

【44　51　参照】

(注) 1961年，月刊絵本『スーホのしろいうま』が刊行され，1967年，日本傑作絵本シリーズとして改訂版『スーホの白い馬』が刊行された。1996年には『スーホのしろいうま』が復刻刊行されている。

53　絵本のページのめくり方を教えてください

　話の流れに沿ってタイミングよくページをめくるようにしましょう。ページめくりの手際のよさは、読み聞かせにとって大事です。すぐに次のページに移らず、子どもにひとわたり絵を見せるゆとりがほしい場面もあります。反対に、すばやく次のページに移るのが効果的な場面もあります。その場合は、前もってページの端に手をかけておき、さっとめくれるように準備します。ページをめくるとき、腕で絵がかくれないように気をつけましょう。『**ふしぎなたけのこ**』などのように、途中で絵の縦横が変わる絵本では、スムーズに本を持ちかえられるようにします。

　『**なんじゃらほい**』は、一つの形からいろいろな連想を促す絵本です。呪文を唱えてページをめくるとクジラが現れ、次の呪文でページを開けば今度は飛行船が出てくる、といった繰り返しが楽しめます。呪文の答えとなる絵のページをゆっくりとめくり、子どもにイメージを描かせる時間をとる方法もあります。

　ページをめくるときに、「ナンジャラホイ」と子どもと一緒に呪文を唱えるのもいいでしょう。子どもたちが複数の場合は、声を合わせて元気よく唱えるように促しましょう。ページのめくり方の工夫で、雰囲気を盛り上げ、一層楽しい読み聞かせをすることができます。
【50　参照】

54　難しそうな言葉は、やさしく言い換えた方がいいですか

　絵本の文章は、理解しやすく日本語としてのリズムの美しさを表すように工夫されています。一方、絵は絵でなければ語れないものを表現し、絵と文とは互いに補い合っているので、絵本は絵と文の総合芸術といわれます。
【1　参照】

　読み聞かせの楽しさは、絵本になじみがなくてもだんだんと引き込まれ、じっと絵に目をこらしていくようになることです。絵本の内容を伝えるだけではなく、読み手と子どもとの間に心が通うことで、絵本の価値が増幅するのです。

　基本的には、その絵本の良さを生かし、できるだけ絵本をそのまま与えることがよく、心の交流につなげていくことが大事です。事前に難しい言葉がないかどうか、吟味する必要はありますが、原文に沿うことが基本です。
【48　参照】

55　読み聞かせの効果をさらに高める工夫はありますか

　『はらぺこ　あおむし』のあおむしは，食欲旺盛で次から次へと美味しいものを食べ，子どもは羨ましくてたまりません。あおむしが食べた穴に子どもの羨望の瞳が注がれます。そこで，この場面で紙粘土でつくったあおむしの模型を登場させ，その穴に通しながら読み聞かせすると子どもたちは大喜びです。模型は針金を芯にして作ります。また，あおむしの大きい模型でクッションなどを作ると，子どもたちは休憩時間や放課後にこれを使って話を繰り返したり，新しいお話をつくったりします。このような工夫によって，子どもの遊びが創造的に発展することが分かります。

　あおむしは華麗な蝶に変身し，物語のクライマックスを迎えます。ここに紙で作った大きな蝶を登場させたら，子どもの感激はどんなでしょう！この紙の蝶に折りぐせをつけ，下側の腹の前後を指で上下すると生きているように羽が動きます。作り方を下に紹介します。

◆蝶の作り方◆

注）①やまおり→　　　　　②たにおり→

③のり　→のりづけ　　◎蝶の模様や色づけは絵本を参考に

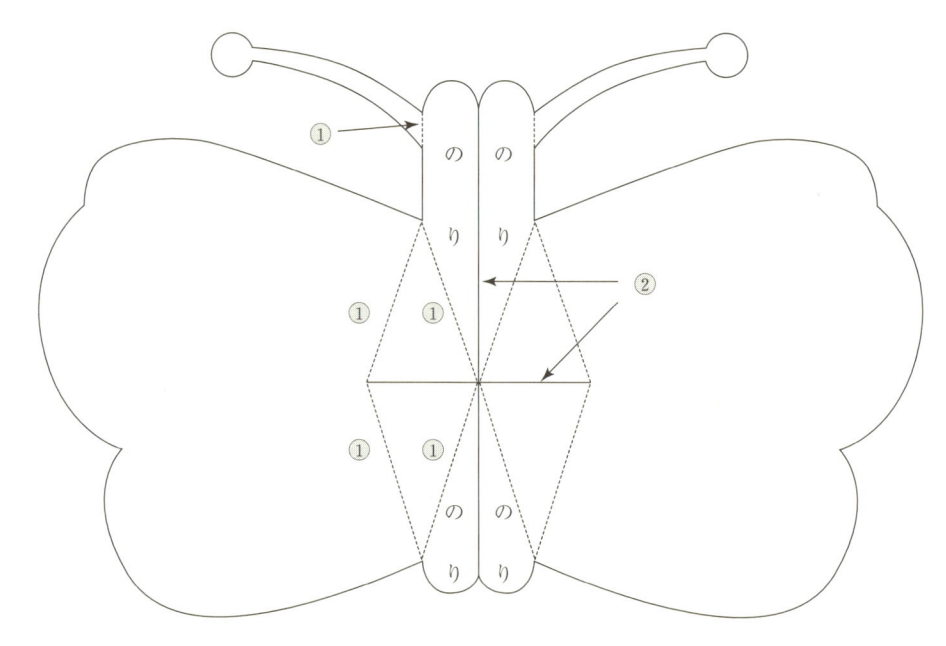

加藤保一デザイン

第6章

絵本に見る多彩な世界とは?

56　虫などが主役となる，よい絵本がありますか

　子どもたちは本来，虫と友だちです。虫を見つけると，すぐに捕まえてもっと近くで見てみようとします。しかし，お母さんたちの中には虫が苦手で，虫を見つけると「きゃー」と叫んでしまう方もいます。その声で，子どもたちは虫は怖いもの嫌いなものと思ってしまいます。虫が主役になる絵本を子どもと一緒に楽しんで見てみましょう。

　『**いたずら　かまきり　キリリ**』の生まれたてのキリリはいたずらっ子。兄弟のみんなに「危ないよ」といわれても「へいきへいき」といたずらを繰り返します。小さな虫たちが支えあって生活していることを学ぶ本といえるでしょう。『**アラネア**』は，一匹のクモの一生を描いた作品です。せっかく張った網は，子どもたちに破られ，洗濯物を干す主婦の顔にかかって払いのけられてしまいます。時には嵐が襲い，こっそりと部屋の中に避難したりもします。天気になって，クモが作り上げた網の見事さ！クモの知恵と勤勉さから，学ぶことが多いのではないでしょうか。『**だれだか　わかるかい？—むしのかお**』は，写真で綴られた虫たちの大写しになった顔のすばらしさに驚嘆することでしょう。そのほか，『**ありこのおつかい**』『**ゴキブリ 400000000 年**』『**へびのクリクター**』など，一生懸命に生きている虫たちに感動し，結構近くにいる誰かさんに似ていると感じたりします。

57　思いがけない主人公が登場する絵本は，どう見たらいいですか

　絵本の面白さの一つは，思いがけない異色の主人公の登場です。レオ=レオニが孫たちのために創作した『**あおくんときいろちゃん**』は，二つの色が男の子，女の子として登場し，二人は仲良く溶け合って，緑色に変わってしまいます。家族からも「うちの子ではない」と言われ大弱り。でも，最後には二人は元の自分の色に戻ることができました。円い形の色だけでは，大人にはイメージが涌きませんが，子どもはそこに人間のドラマを見るのです。子どもならではの，豊かなイマジネーションといえるでしょう。

　エリック=カールは，3歳になった娘から「お月さまを取って」と言われ，『**パパ，お月さまとって！**』を描きました。お月さまが主役です。作者は，お月さまがどんなに遠くて高いところにあり，どんなに大きいかを，娘に教えたいと思いました。そこで長い長いハシゴを地上からお月さまにかけることにし，絵本には大きな満月を折り畳んで綴じ込みました。

　2冊とも科学的思考を背景にしたドラマで，幼児の心に科学の芽を根付かせる見事な作品になっています。　【**77**　参照】

58　赤ちゃんのためには，どんな絵本がいいですか

　話すことができない赤ちゃんに絵本を読んでも分かるかしら，と疑問に思う方もいるでしょう。たしかに，3～4ヶ月の赤ちゃんに絵本を見せると，なめたりかんだり，手でたたいたりします。しかし，機嫌のいいときに少しずつ楽しむことを繰り返すうちに，赤ちゃんは抱っこの姿勢やぬくもり，声の抑揚や言葉のリズム，絵の色や形を記憶していきます。お気に入りのお話が始まると注意を絵本に向け，ページをめくると予想通りといわんばかりに嬉しそうな声をあげたり，絵本をたたいたりします。赤ちゃんには，手に取りやすい大きさで，角が丸く，丈夫なボードブックタイプの絵本がよいでしょう。厚めの紙でできた，安全で丈夫な絵本をお薦めします。例えば，『ミッフィーの　どうぶつ　だあれ』や『だれか　いますか』があります。また，『ころ　ころ　ころ』『いない　いない　ばあ』『のせて　のせて』など，版を重ねて愛されてきた絵本の中からお気に入りを見つけて，繰り返し読むこともお勧めします。赤ちゃんは，リズミカルな言葉の繰り返しや問いと答えのやりとり，表情豊かな絵にきっと夢中になることでしょう。また，『わらべうた絵本』や『みんなの　こもりうた』に出てくる数々の「わらべうた」「こもりうた」も，快いうたの調べや遊びの楽しさと結びついて，赤ちゃんや幼い子どもたちの心を引きつけています。

【25　参照】

59　しつけに役立つ絵本がありますか

　しつけに絵本を利用することは，さけましょう。「これはだめ」「こんなふうにしなさい」と言う空気を感じると，子どもはその絵本を手にしなくなってしまいます。きっかけや気分転換にとどめて，絵本を楽しむ中でいつか「しつけの部分」を感じ取ってくれることを期待しましょう。そのような絵本を紹介します。

　『ノンタン　おねしょで　しょん』『ひとりで　うんち　できるかな』は，排泄の練習中に何回も失敗が続いて，親も子も重苦しい気持ちになったときに読んであげてはいかがでしょう。失敗しても明るいノンタンを見ていると，悩んでいる親もつらい気持ちでいる子どもも楽になれることでしょう。ほかにも『はけたよ　はけたよ』や『がんばれ　はぶらしハーマン』などがあります。

　また，『ごあいさつ　ごあいさつ』は，挨拶すると願いがかない仲間が出てくる愉快な絵本です。『きょうりゅうくんは　するよ・しないよ』は，ごみを散らかさないなどの守ってほしいルールが46場面描かれています。時にはきょうりゅうくん自身がルール違反をし，それがかえって注意を引きます。

60 四季の変化が楽しめる絵本はありますか

『はるかぜのたいこ』のように，春・夏・秋・冬のいずれかの季節を描いた絵本はありますが，四季を通して自然の変化を楽しむ作品はそれほど多くありません。というのも四季のない国が世界には多いのです。そのような中で，『**四季の子どもたち**』は四季を楽しめる一冊で，日本の作家の作品です。

四季を楽しむ絵本には，生命の誕生や成長発達を取り上げているものが多く，『**もりのこびとたち**』は，小人の生活を通して自然の営みを描いたファンタジーです。小人の目線で草や木や小鳥，動物たちを見るので，人間が見下ろす視線よりも，自然がいっそう身近で親しみがわいてきます。

『**はる なつ あき ふゆ**』は，面白いしかけを用意しています。〈春の緑の森〉〈夏の水辺〉〈秋の紅葉と鳥たち〉〈冬の森の雪景色〉といった四季の風景の4枚を折り畳んで綴じてあります。サイズはそれぞれ55×43 cmもあり，これが飛び出してくるとちょっとしたオドロキです。

『**木のうた**』は大きな木をめぐる鳥や動物たちとの四季を描く，「文字なし絵本」です。季節を追う自然の色彩の変化，季節に備える動物たちの生活の描写が見事です。

61 行事のいわれや楽しみを知るのに，どんな絵本がありますか

生活を豊かに楽しくしてくれるのは，さまざまな行事です。伝統や文化を伝え，歴史を振り返らせてくれる日本古来の行事，お釈迦様の誕生を祝う花祭りなど宗教に因むもの，地域のお祭りや学校等の行事，さらには国家的な式典，スポーツ祭典のように広く国際的に催される大きな行事があります。

家庭などで昔から行われてきた行事の由来，やり方などが，親しみやすく書かれている絵本に「子供と読む行事の絵本シリーズ」(注)があります。

十二支やお節句などのように中国や朝鮮から伝わってきたものなど，私たちの生活にすっかり根付いた外国の行事もあります。クリスマスもその一つで，日本の作家がお正月絵本以上にたくさんの作品を描いています。野ネズミとサンタクロースの話『**ぐりとぐらのおきゃくさま**』は，日本人の作家によるクリスマス絵本です。イギリスの絵本『**急行「北極号」**』は，子どもたちをベッドから誘い出し，急行列車に乗せてサンタの住む北の国に連れて行く，というスケールの大きなファンタジーです。

【68 参照】

(注)『子供と読む行事の絵本』シリーズとして下記のものが出版されている。
　『十二しの　はじまり　お正月に　読む絵本』『ねずみの　すもう　お餅つきに　読む絵本』『つきとうさぎ　十五夜に　読む絵本』『じいさまの　なぞとき　敬老の日に　読む絵本』『七五三の　おまいり　七五三に読む　絵本』世界文化社。

62　病気や死などの問題は，絵本でどのように取り上げているのですか

　『はしれ江ノ電　ひかりのなかへ』は，鎌倉の海岸を走る江ノ電の運転手になりたいと憧れ続けた少年の物語です。不治の心臓病をわずらっていた16歳の少年は，家族や主治医，ボランティアなど多くの人々の支援のお陰で憧れの運転手の制服を着せてもらい，運転台に立ち，三日後に天国に旅立ちました。死を目前にしながらも，夢を抱き続けた少年の姿は感動的です。

　『ひさの星』の主人公は貧しい村の少女です。ホタルを捕ろうとして川に落ちた幼児を必死になって岸に押し上げたひさは，力つきて濁流に呑まれてしまいます。ひさが亡くなってからまたたき初めた星を，村人たちはひさを偲んで見上げるのでした。

　『ちいさなもみのき』は，病床にある我が子のために森からクリスマスツリーを運ぶ父親の愛の物語です。もみの木は，毎年迎えに来てくれるのに一向にやって来ないので心配でたまりません。そこへ回復した子どもが友だちと一緒にもみの木を訪ねてくるのです。

　『いつでも会える』のシロは，飼い主だったみきちゃんが亡くなり，それが理解できません。それでもシロは，思い出さえ残っていれば，いつでも会えることに気付きます。

【68　参照】

63　お年寄りにとって，絵本はどんな意味がありますか

　特別老人ホームのサークル活動で，月に2回，絵本の朗読会を開いているところがあります。眼の不自由な84歳のおばあさんは，出身地の岩手の方言を活かし，「かさじぞう」を暗記して語ります。黙り込みがちの老人の生活では，お年寄り自身が読み聞かせをすることは思いがけない効果を生むことが分かってきました。お年寄りならではの個性的で深みのある朗読のよさに気付くと，それが生き甲斐になるのです。また，朗読がもつれがちな言葉のリハビリに役立ち，それがきっかけで自分の生い立ちを語るようになり，心を開くようになったお年寄りもいます。

　お年寄りが子どもたちに得意の読み聞かせをしてあげたら，生き甲斐はさらに増すことでしょう。絵本は，子どものためばかりでなく，人生の最晩年にあっても友であり続けることができるのです。

　子どもとお年寄りとの心の交流を描いた絵本や，年取った人たちの生き方を描いた作品も少なくありません。『だってだっての　おばあさん』は98歳のおばあさんとペットのネコとの交流で，若々しく生きることに目覚めたおばあさんを描いています。お年寄りにとって，若者や子どもたちとの交流がいかに大事であるかが分かります。

【99　参照】

64　世界の人々の生活や文化など，異文化が理解できる絵本がありますか

　絵本にはそれぞれの国の文化が自ずから反映しますから，外国絵本の中にその国の文化を発見できるはずです。イギリスの絵本『まっくろけの　まよなかネコよ　おはいり』は，老未亡人と愛犬の物語です。イギリスからの帰国生がこれを見て，犬の接し方が日本と違う，と指摘しました。ここでは犬が孤独な老夫人の相談相手で，保護者でもあります。日本の犬も家族の一員として部屋の中に飼われたりしますが，ペット以上ではないようです。犬をパートナーとした狩猟民族と農耕民族である日本人との伝統の違いがあるのかもしれません。韓国の『ソリちゃんのチュソク』は，旧暦8月15日のチュソクというお祭りのお話です。人々が故郷に帰り，親戚中が集まりご馳走を食べたり，墓参りをする様子が描かれています。これらの絵本の家屋や部屋の描写は精密で，その国の生活が観察できます。

　世界の人々の文化や生活を図鑑のように並べて紹介したのが，『せかいのひとびと』です。人種による容貌や皮膚の色の違い，文字の種類，服装，生活様式，風俗習慣など広く図鑑のように示して異文化を理解させようとしています。互いの違いを知ることは文化レベルを比べることではなく，自国文化への示唆を求め，相手の文化への尊重を忘れないことが大切です。絵本の終わりの方に，個性を失い画一的になったら，どんなに無味乾燥な社会になってしまうかが描かれています。　　　　　　　　　　　　【33　81　参照】

65　戦争をテーマにした絵本はありますか

　『ほたる』は，戦争中，特攻機の出撃基地であった知覧（鹿児島）を舞台にしたお話です。生還を期せず飛び立っていく少年飛行兵の一人が，食堂のおばさんにホタルとなってウドンを食べに戻ってくると約束します。出撃後，一匹のホタル（帰ってきた少年飛行兵）が入ってきました。「くうてたもいやんせ（たべてくださいな）。さあ，おあがいやったもんせ」，おばさんはそう言ってホタルに熱いウドンを供えました。ホタルのために熱いウドンをふるまうのは，幼児では理解できないでしょう。また，幼児期に戦争の悲惨な物語を与えるのは好ましくない，という意見もあります。その子どもの体験に合わせて，子どもが理解しやすい絵本を選ぶことが大切です。しかし，この絵本は，小学校低学年になれば，難しい言葉はあっても理解できるのではないでしょうか。「戦争と平和」は大事にしたいテーマです。

　『戦火のなかの子どもたち』は，ベトナム戦争の最中に，ベトナムの子どもたちを想って描かれました。戦争当事者の兵士の姿は出てきません。戦火の中で，我が子を必死に抱きしめる母親の姿が圧巻です。戦争への憎しみ，平和への激しい願いが伝わってきます。

　『オットー　戦火をくぐったテディベア』『あの夏の日』を小学校高学年に読み聞かせしたとき，教室中がシーンと静まりかえり，いつもにぎやかな子どもたちが集中して聞き入る真剣なまなざしで空気が張り詰めました。いずれも幼児向きとはいえませんが，いま戦場となっている国々の子どもたちに思いを馳せ，子どもの共感を求めて読み聞かせに挑戦してほしい絵本です。

66　障害のある人への理解を深めるために，どんな絵本がありますか

　『さっちゃんの　まほうのて』は，幼稚園の遊びの中で自分の障害を意識させられた女の子が，心の痛手と試練を乗り越えていくという内容の絵本です。さっちゃんの健気な姿が，温か味のある絵の中に描かれています。障害のある人もない人も親しみ合い，「共に生きる」ことの大切さを伝えるのに役立つ作品です。手足に障害を持ち外出に車椅子を使う著者と，その車椅子を押し続けた画家とが作った『わたし　いややねん』の中には，心にいつまでも残る次のような主人公の言葉があります。「わたし　でかけるのんいややねん」「みんな　じろじろ見るから　いややねん　わたし　宇宙人とちがうでェ　怪獣でもないで　わたし　ケーキもたべるし　ジュースものむ」。また，『ぼくのだいじな　あおいふね』の主人公ベンは，耳の不自由な4歳の男の子です。先生の口元をじっと見て言葉を知ろうとし，同じように口を動かして声を出してみる場面が印象的です。

　障害児のために作られたり，障害児について描かれたり，障害児自らが作った絵本は，「バリアフリー絵本」と呼ばれます。IBBY（注1）は，1985年ノルウェーのオスロにある「特殊教育研究所」内に障害児のための資料センターを設置し，「障害のある子どもたちにも読書の楽しみを」と推薦図書の展示会やセミナーを各国で活発に行っています。JBBY（注2）では，『なないろのクラ』『バースデーケーキが　できたよ』『てではなそう　きらきら』などを推薦図書に選定しました。

(注1)　IBBY（国際児童図書評議会）［本部スイス］は1953年に設立され，世界におよそ70の支部をもつ。それぞれの国の優良児童作品を紹介するブックリスト「IBBYオナーリスト」や，機関誌「ブックバード」を発行。

(注2)　JBBY（社団法人 日本国際児童図書評議会）は，1974年設立された。「IBBYオナーリスト」をすべて取り寄せ，公立図書館などで巡回展示を行う。2006年には57ヶ国から164冊の児童書が集まった。
　　JBBY事務局　東京都新宿区袋町6番地　日本出版会館内
　　Tel. 03-5228-0051　　http://www.jbby.org　　e-mail：JDK03301@nifty.com

67　環境や公害問題を取り上げた絵本には，どんなものがありますか

　ムツゴロウ物語『むったんの海』は，子どもが自分で物語をつくり，絵を描いた作品としてユニークです。この物語の舞台である諫早湾の堤防に作られた水門は，漁業問題，環境問題として論議の的になりました。水門の閉鎖によって干潟が干上がり，死を待つばかりとなったムツゴロウたちは，水鳥の輸送隊のお陰で海に運ばれ救出されます。

　『トビウオの　ぼうやは　びょうきです』は，1954年のビキニ環礁の水爆実験で墓場と化した海を描いています。死の灰を浴び不治の病にかかった坊やは，海で巨大な火の玉が燃えた日から行方不明となったお父さんを自分の病気が治ったら探しに行く，と言います。核への憤りが自ずから伝わってくる作品です。

　フランスの作家らしい，パステルカラーの美しい絵本が『とおい　とおい　アフリカの—Elephant Moon—』です。商品価値の高い象牙を手に入れるために，たくさんのアフリカ象が密猟者の手で殺されていきます。象への敬愛のこもった詩文を読むと，環境問題に気付かないわけにはいきません。子どもの成長過程の中で，社会問題を含んだノンフィクションにも読み聞かせの対象を広げていってほしいのです。

68　宗教を取り上げている絵本には，どんなものがありますか

　年末に近づくとクリスマス絵本がたくさん出回り，中でも『**ちいさなもみのき**』は創作絵本の傑作です。日本の作家たちも多くのクリスマス絵本を創作しています。

　これに比べて，仏教や神道の絵本はそれほど多くありません。宗教に因んだ行事をあげると，お盆・正月・七五三・節分・節句・雛祭り・お彼岸・初午・花祭り，と伝統行事は多彩ですが，いずれも絵本化したものが少なく，クリスマスの作品数には及びません。それでも日本の昔話や民話の中に土俗的ながら，宗教に因む優れた作品を見つけることができます。『**かさじぞう**』は，そのような一冊です。

　死を扱った作品も宗教的といえるでしょう。宗教は愛や慈悲の心の問題を取り上げるので，感動的な多くの物語絵本の中に宗教的な内容を見つけることができます。キリスト教精神を深く秘めたアンデルセン童話の『**みにくいあひるの子**』，グリム童話の『**こびとのくつやさん**』『**かえるの王さま**』などの優れた作品は，これからも読みつがれていくでしょう。このほか，『**神の道化師**』は人生を語り，いたずら天使を描いた『**天国はおおさわぎ　天使セラフィーノの冒険**』はユニークです。

【61　62　参照】

69　子どもが読み聞かせに参加したり，物づくりを楽しめるような絵本はありますか

　『**ねえ，どれが いい？**』では，子どもに向かって「もしもだよ……」「ねえ，どれがいい？」と，いろいろな問いを投げかけてみます。例えば「魚にのまれるのと……」「わにに食べられるのと……」「さいにつぶされるのと……」といった具合です。子どもたちは，絵と文の問いかけにどんどん答えを言っていきます。読み聞かせは読み手と聞き手の共同体験の場です。登場人物がかけ声をかけるとき，子どもたちにも一緒に声を出すように誘えば雰囲気は，いっそう盛り上がるでしょう。なぞなぞの絵本も多数発行されていて，一緒に言葉遊びができます。このほか，『**かみひこうき**』は飛行機づくりの絵本で，物づくりが楽しめます。

　誕生日の記録をもとに，本づくりをする絵本『**おたんじょうびのほん**』(注)は，両親からのお祝いの言葉，大きくなったら何になりたいか，といった将来の夢，好きな食べ物や遊びなど，成長の年輪を親子で作り上げる本です。子どもにとって，かけがえのない人生の記録になるでしょう。

【76　参照】

（注）オリジナル絵本　フォースマイル　TEL & FAX　011-866-2155
　　　http://forsmile.net/SHOP/gh002.html

70　ページをつなげると，大きな絵になるような絵本はありますか

　『**絵巻えほん・川**』は，折り込まれたページを次々にめくると，上流から下流へ伸びていき，最後は一本の長い川になります。一枚につながっていることで周囲の景色の変化がよく分かり，人々の暮らしの中を悠々と流れていく川の壮大さを実感できます。この絵本や『**かわ**』のように，つなげてみたら子どもたちがどんな反応をするだろうか，と思わずにはいられない絵本があります。

　『**おおきなきがほしい**』は，読者が主人公と一緒に木登りをし，樹の上で生活する気分になります。この絵本に描かれた樹をつなげてみたところ，約245 cmになり，春・夏・秋・冬の情景の変化がはっきりと分かりました。読み進めていくにつれ，子どもたちはその大きさに驚きの声をあげ，圧倒された様子でした。

　絵本は，そのままで優れた芸術性を持つので，手を加えることに批判的な意見もあります。たしかに，巨大なおいもの一部が描かれていることで，かえって想像力をかきたてる『**おおきな　おおきな　おいも**』などもあり，慎重さが必要です。しかし，自らの感動をなんとか伝えたいと思ってアイディアを出し工夫を重ねることで，聞き手により強い印象を与えることができるでしょう。

　読み聞かせボランティアのお母さんたちなどが，絵を見やすくするために，大型絵本や紙芝居を手作りする場合もあります。また，お話をパネルシアターやペープサート，人形劇にしたり，手作りの大きな布の絵本に作り変えたりすることも目にします。どの場合も，子どもたちは絵がよく見えること以上に，作り手の楽しい雰囲気や愛情，創作することの楽しさを肌で感じているにちがいありません。
【37　参照】

71　触って楽しめる絵本がありますか

　目の見えない子も見える子も一緒に遊べるバリアフリー絵本『**これ，なあに？**』や，絵本雑誌「**テルミ**」(注)は，浮き出た形を指でなぞったり，触ったりして楽しむ絵本です。文字や絵の輪郭などが浮き上がり，凹凸のついた点字にはカラフルな色がついていて，デザインの一部にもなっています。触ると粒の香料がつぶれて匂う香りの絵本がテスト販売され始めましたが，時間がたつと香りが薄れるのが難点です。

　『**くもさん　おへんじ　どうしたの**』では，牧場の動物たちが「いっしょにあそぼう」と声をかけても，くもさんは返事もせず，せっせと脇目もふらずに巣を作り続けます。その巣は，触って分かるようにインクが盛り上がった印刷になっています。

　赤ちゃん用の布絵本シリーズ「ふかふかえほん」の『**おうちのまわりで**』も，触って遊ぶ絵本です。絵は布に直接染められ，布の間に柔らかなスポンジをはさんで縫い綴じてあり，なめても安全，水洗いもできるように工夫されています。

　もともと，絵本は子どもが触るものです。手に取り，登場人物を指し，絵をさすり，食べ物の絵に触れて食べるまねをするなど，子どもは絵本を愛玩します。このような絵本の中には，なかなか手に入らないものが少なくありません。良い絵本は貴重です。幼稚園・保育所等や学校，家庭でも，子どもが絵本を大事に扱うマナーを身につけさせたいと思います。
【72　80　98　参照】

(注) 絵本雑誌「テルミ」　日本児童教育振興財団が2か月に一度発行。

72　変わった素材でできた絵本には，どんなものがありますか

　『にじいろの　さかな』は，うろこに金や銀を用い，光りの効果を出した絵本です。本物の魚のような輝きが，子どもを引きつけます。「伐採して捨てられるバナナの木を紙にできたら……」と考えたハイチの人たちに共鳴し，日本政府と製紙会社が支援してバナナ＝ペーパー＝プロジェクトが結成されました。その結果出版されたのが，『**ミラクルバナナ**』です。紙の柔らかさ，しなやかさを出すために手漉き風合を生かした仕上げです。この絵本の成功によって，ハイチの人々へは仕事を，子どもたちには教科書やノートを提供することができたそうです。

　『**さわってごらん　だれのかお？**』はミューズプリントという透明な特殊インクを盛り上げて，凹凸のついた仕上げになっています。布絵本シリーズ「ふかふかえほん」が市販されていますが，布絵本は大量生産に向かず地域のサークルによる創作がほとんどです。マジックテープなどで着脱し数遊びのできる『**かずのおひっこし**』(注)のように，絵の一部が着脱できたり，自由に触れることができるのが布製の長所で，手指の訓練にも使えます。あるボランティアサークルが布製に仕上げた手作り絵本の『**ボタンのくに**』は，たくさんのボタンを縫いつけたアイディアが新鮮でした。　　　　　　　　　　【71　参照】

(注)『かずのおひっこし』　原作　ボランティアグループ　てのひらの会。　製作　なずな工房。2002 年。東京都練馬区立関町図書館所蔵。

73　文字なし絵本は，どのように利用したらいいですか

　「のりもの」「どうぶつ」「おみせ」などを題材にした，いわゆる「乗り物絵本」等と呼ばれる説明的な絵本は，子どもが気に入ったページを開き，絵の中に入っていく気分で一緒にお話づくりを楽しみましょう。しかし，このような話の筋を持たない本は，"絵本"というより図鑑やカタログに近い物です。

　文字が書かれていなくても，絵や写真がお話を語ってくれるものを「文字なし絵本」といいます。『**ぼくのともだち，おつきさま**』は，ボートをこぎ出した男の子が湖に落ちたお月さまを連れ帰り，お日さまも加わって音楽や踊りなどを楽しむお話です。これを小学校4年生のクラスで，1ページごとに物語を自由に創作させたことがあります。子どもの作文例には，空から落ちてずぶぬれのお月さまに「かぜひかないように，ちゃんとふかなきゃ」など，優しくいたわる文章が多く見られました。優れた「文字なし絵本」は，絵が語っていることを自由に想像しながら読むことできるので，豊かな想像力を育てる宝庫です。子どもたちにとって，互いに創作した物語を読み合うことで，個性的な感じ方や考え方に違いがあることを知る，いい機会にもなるでしょう。小さな子どもたちは，外国語で書かれていても抵抗はありませんから，絵が十分に物語っているなら，外国語の絵本を「文字なし絵本」として活かすこともできます。　　　　　　　　　　【23　参照】

74 ABC，あいうえおなど，言葉遊びの絵本にはどんなものがありますか

　セサミストリートから生まれた『**ABCのえほん**』は，幼児にもアルファベットが覚えやすいように工夫された絵本です。A：あぷる（リンゴ），B：ベットといったように，身近な物や生き物をアルファベット順に並べてあります。これも外国の絵本ですが，例えばRは「**R**abbits・**R**acing」（ウサギが競争する）とRを繰り返したり，「アクロバットくまさん」（**A**crobats **B**ear）とアルファベット順に単語をつなげたりする例もあります。
　コルデコット受賞作品の中にも，カラクリを取り入れたり，ABC順に物語を展開させたり，アルファベットを絵の中に隠したりしたものもあります。
　アイウエオ絵本の一例が『**どうぶつ　はやくちあいうえお**』で，あいうえお順に，早口言葉を並べたものです。
　　／　あ：「**あんぱん　ぱくぱく　ぱんだの　ぱんや**」
　　／　い：「**いかに　かにが　ちょっかい　いか　いかった　いかった**」
といった早口言葉は，言葉遊びの好きな子どもたちを楽しませるでしょう。
　ABC絵本の方が，工夫の幅と奥行きが深く，創作欲をかき立てるようで，その多彩さはコレクションとしても魅力があります。例えば，安野光雅の『**ABCの本　へそまがりのアルファベット**』などもあります。
【18　参照】

75 方言で書かれた絵本を読み聞かせるよさは何ですか

　方言で書かれた絵本には，会話の部分など一部が方言の場合と，地の文をはじめ，会話もすべて方言のものとがあります。『**月へいった　女の子　アイヌむかしばなし**』や，沖縄の昔話『**ふなひき太良**』など，全国各地にある多くの再話は前者に属します。優れた再話者や画家による絵本は，元の話の面白さを鮮やかに伝えて心を打ちます。
　東北の方言を取り上げてみると，『**狐とかわうその知恵くらべ**』は，岩手県遠野の語り部，鈴木サツの話の採録です。子どもたちは，よく出てくる「……したずもな」といった言葉を口まねして喜びます。この語りかけには，自分に近づいてほしいという相手への願いが込められているので，子どもたちはコミュニケーションの心地よさを感じ取るのでしょう。
　方言は子どもにとって，大事な経験になるでしょう。「よばりあいっこ」（招待しあう），「たかる」（せびる，あつまる）など，方言を通して細やかな人情や生活感情に触れることもできます。没個性的な共通語としての今の日本語には，個性豊かな方言を取り入れる必要があるのかもしれません。
　方言は読みにくいこともあるので，その地方の出身者でない場合は特に，読み聞かせの前に十分な練習が必要です。アクセントや発音などは，正確であることに越したことはありませんが，語りかける心を大事にすれば，子どもたちは方言の温もりを感じとります。
【30　参照】

第6章　絵本に見る多彩な世界とは？

76　なぞなぞが楽しめるのは，どんな絵本ですか

　人気のある絵本に，**『なぞなぞえほん』**があります。持ち運びやすい小さいサイズになっていて，絵にヒントがあるため小さな子どもでも楽しめます。**『なぞなぞあそびうた』**は，問題文が詩の形をとっていて，リズミカルです。**『なぞなぞ100このほん』**は，ロシアやウクライナなど北の国のなぞなぞを集めていて，表現の仕方に文化の違いが感じられます。**『なぞなぞ ねずみくん』**では，ねずみくんが次々になぞなぞを出していきますが，本当に聞きたい言葉が最後に用意されていて，思わず微笑んでしまいます。

　なぞなぞ絵本は，友だち同士や親子で一緒に考える楽しさを提供し，お互いの知的好奇心を刺激し，満足させてくれます。なぞなぞには，いろいろな言葉からイメージを呼び起こす緊張感があるからでなのでしょう。

　自分たちでなぞなぞ問題を考えて出し合うなど，ほかのなぞなぞ遊びに発展させるのも楽しいと思います。なぞなぞを始めるときは，「ナゾナゾナ〜ニ，菜切包丁薙刀（ナッキリボウチョウ　ナァギナタ）」などと呪文のように唱えたり，問いかけのリズムのとり方を工夫してたりして，なぞなぞ遊びの緊迫感を盛り上げてみましょう。

77　自然科学への関心を高めるのに役立つ絵本には，どんなものがありますか

　『ふゆめ　がっしょうだん』は，冬の木の芽を拡大して撮ったアルバム絵本で，不思議なことに，木の芽が動物や子どもの顔に見えたりします。自然をじっくり観察すれば面白いものが数多く見つかることを教えられます。読んだ後は，実際に子どもたちに木の芽を観察させたいものです。

　現在まで170タイトル以上続いている「かがくのとも傑作集」(注1)にも，お薦めしたい絵本がたくさんあります。**『たんぽぽ』**(注2)や**『ひがんばな』**は，普段なにげなく目にする道端の植物を詳しく観察し，土の中の様子まで示しながら，季節と共に変化していく姿を紹介しています。また，**『おへそのひみつ』**や**『かさぶたくん』**には，子どもが生活の中で実感する話から始まって次第に体の仕組みや働きへと内容を深めていく工夫がされています。

　「かこ・さとし　かがくの本」全10巻(注3)も科学的な物の見方に親しむ優れた絵本です。**『よわいかみ　つよいかたち』**は，はがきと10円玉を使って，そのままでは弱い紙が，形を変えると強くなることを実験していきます。**『ひかりとおとの　かけくらべ』**は，まず人のかけっこと比べて，光と音の伝わる速度がいかに速いかが描かれます。そして，その光でさえ地球に辿り着くまでに何年もかかることから，星までのはるかな距離を想像させます。

　子どもたちは，このような身近な素材や現象を扱った絵本と遊びの中から，自然科学の世界への興味をどんどん膨らませていくのです。　　　　　　　　　　　　　【56　参照】

(注1)　月刊「かがくのとも傑作集」　福音館書店。
(注2)　『たんぽぽ』は他社の作品もあります。　【資料編「I. 本文で引用した絵本の一覧」参照】
(注3)　「かこ・さとし　かがくの本」　全10巻。童心社。

78　遊びや劇に生かせる絵本には，どんなものがありますか

　『おおきなかぶ』を何回か読み聞かせていると，子どもたちの中から自然に「うんとこしょ　どっこいしょ」の声が出てきて，そのうち，体の動きとともに声が揃ってくるものです。この場面が特に印象的なのでしょう。この楽しさを十分味わってから言葉をかけて促すと，それぞれが好きな役を選んで劇遊びに発展していきます。「同じ本を一緒に読んでもらった」という共通体験が推進力になるのでしょう。遊びや劇に生かしやすいのは，次のような傾向の絵本です。

- 子どもの発達に応じた共通理解ができる
- 役割のイメージがはっきりしていて，一体感が持てる
- 言葉のやりとりやリズムが楽しめる
- 繰り返しがあって，展開に見通しが持てる

　幼稚園・保育所等で劇遊びによく利用される絵本には，『**てぶくろ**』『**おおかみと七ひきのこやぎ**』『**三びきのやぎのがらがらどん**』『**かにむかし**』などがあります。小学校の学芸会では，よく『**どろぼう　がっこう**』が取り上げられます。遊びのヒントは，子どもたちのさまざまな体験から生まれます。この共通体験の場を提供するのが絵本です。劇や遊びは表現遊びで，子どもたちはイメージを共有して楽しむのです。

79　絵本のファンタジーとは，どんなものですか

　『くじらの歌ごえ』の中で，海辺に住む少女リリーはおばあさんからクジラが歌を歌う話を聞きます。これを耳にしたおじいさんは，「夢みたいなことを話すんじゃない。クジラは人間の食料になる動物だと教えてくれ」と怒鳴ります。リリーは，沖のクジラに花をプレゼントし，彼女を呼ぶクジラの歌声を聞きます。リリーのファンタジーから，「人も動物も，かけがいのない地球に共生する生き物」という思いが湧いてきます。

　荒唐無稽ともいわれるファンタジーは，人々に夢と希望を与えてきました。絵本の世界でも，別の世界に行きたいとの願いは，『**かいじゅうたちのいるところ**』を生み，長い時間を一緒に生きたい願いや，思いがけないことを期待するファンタジーは，『**うらしまたろう**』や『**いっすんぼうし**』を生み，怖い物見たさの欲求は，『**めっきらもっきら　どおんどん**』を創り出したといえるでしょう。また根も葉もないファンタジーが，現実になることもあります。都会のアパートで，以前自分が住んでいた田舎の農場を作ったおばあさんを描いた『**やねの上にさいた花**』は，今日では野菜工場のアイディアが実現していて，ファンタジーとはいえなくなりました。絵本の世界を多彩に魅力的にしてくれるのは，ファンタジーの効用です。

80 しかけ絵本には，どんなものがありますか

しかけ絵本の主なカラクリをあげてみましょう。
- 穴あき：いろいろな形の穴が開けてあり，次のページの一部が見える。
- つまみ：引っ張ると人や動物など画面の一部が動く。
- 折り込み：折り込みを開けると，隠れていた絵が現れる。または，場面が縦，横に伸びる。
- 回転：ページを開くと人が歩き出したり，乗り物の車輪が回り出す。
- 回転盤：これを回すと別な場面に変わる。
- セロファン紙：例えば，雨を描いたセロファンの綴じ込みを青空のページに載せると，雨降りに急変する。
- 立体化：ページを開くと，風景や建物，乗り物などの模型が立体的に立ち上がる。
- 切り込み：ページがいろいろな形に切られている。

『**きいろいのは　ちょうちょ**』は，蝶の形にくり抜いてある穴を蝶だと思ってめくると，次のページには全く別物が現れるという意外性がある，ユーモアにあふれた楽しい絵本です。『**コロちゃんはどこ？**』は，折り込みを開けると隠れていた絵が現れ，かくれんぼのときのドキドキ感を味わえます。『**だんまり　こおろぎ**』は，センサーの付いた音が出る絵本です。何度も読み聞かせるうちに，子どもは，最後のこおろぎの鳴き声をわくわく心待ちにするようになります。簡単なしかけ絵本は，集団でも効果的に扱え，子どもたちを引きつけます。しかし，子どもたちの関心が本の内容よりも装置やしかけに集中しないような工夫が必要です。しかけ絵本は傷みやすいので，特に大切に扱うよう子どもに声をかけましょう。

81 人権問題を取り上げた絵本は，どのように扱ったらいいですか

アメリカには，人権や差別の問題を考えさせる絵本が少なくありません。『**くまのコールテンくん**』もその一冊です。お母さんと一緒にデパートに買い物にきたリサちゃんは，オモチャ売り場でくまのぬいぐるみが気に入ります。傷んでボタンも取れていたので，お母さんに反対されますが，リサちゃんは諦めきれずに買って帰ります。

ある保育所の読み聞かせで，リサちゃんの優しさは子どもたちの共感をよびました。ところが，子どもの一人がアメリカからの帰国児で，「リサちゃんは黒人だね」と言いました。それを聞いた先生は，子どもたちとリサちゃんの肌の違いを説明し始め，「みんな同じ人間なのよ」と話しました。すると，子どもたちから，「へんな子」「眼が白く光っている」といった，リサちゃんに対する思いがけない反応が返ってきました。

コールテン君は，取れたボタンを付けてくれたリサちゃんに「ぼく　きみのような　ともだちがほしかったんだ」と語りかけ，リサちゃんはコールテン君をやさしく抱きしめ，「わたしもよ」と言います。ここでは肌の色などを越えた，人間としての優しさを感じてもらえばよいのです。

年を経て繰り返して読めば，差別される者の悲しみを描いた作品の深みが分かるようになるでしょう。差別の知識だけでは，人権や差別問題を理解させることはできません。

【33　66　参照】

82　絵の中に主役が登場しない絵本はありますか

　主役がまったく顔を出さない絵本があります。ドイツの絵本『**きょうは　カバが　ほしいな**』の主役は、パウルという少年です。彼は「きょうはカバがほしいな」と思いながらベッドに入りますが、絵の中には登場しません。
　部屋の中にいつの間にか水が流れ込み、廊下の突き当たりの窓にナイル川の風景が現れ、廊下いっぱいに大きなカバが流れに乗って入り込み、大口を開いて近づいてきます。逃げ場のない長廊下でぶつかる相手は、とんでもない巨獣です。いえ、気がついてみるとこの巨獣に向かい合うのはパウルでなく、ほかならぬ読み手、聞き手自身なのです。そして、聞き手はパウルとともに思い切ってカバの口の中に飛び込みます。真っ暗なお腹の中をくぐり抜け、「お尻の穴から向こう側に出た！」と思ったら、水もナイルもカバも消えてしまいました！
　聞き手が、自分が絵本のお話の主役であることが分からないようなら、その反応をみて「君だったらどうする」と問いかけて、理解を促すとよいでしょう。このドイツの絵本のように、厳しい状況に子どもを置き自ら判断させるのは、いかにも欧米的発想といえます。

83　絵本の形が不揃いで，さまざまな大きさがあるのはなぜですか

　いたずら好きなピーターが冒険をくりひろげる『**ピーターラビットのおはなし**』［全34巻］は、ビアトリクス=ポターが知人の子どもへ送る絵手紙の形式のお話です。出版にあたり、ポターが「子どもの手の大きさに合わせて小さい本にしたい」と申し出て、縦144ミリ、横110ミリの小さい絵本に仕上げました。
　『**つきのぼうや**』は、短冊のように縦に長い絵本です。月のぼうやは、地上の水の上に映った月影を持ち帰るようにお月さまから頼まれます。ぼうやは、天上から地上へと長い旅を続けます。その旅を語るには、空の高さをイメージしやすい縦長の画面が好都合なのです。
　細長い絵本を横にしたのが、『**わにのなみだ**』です。横長の形は、ワニの身体を表すのにぴったりです。

【84　参照】

　絵本の中では大きいと言われている『**ねこのオーランドー**』は、縦365ミリ、横270ミリもある絵本です。この大きさによって、主人公の猫のワイルドさ、ダイナミックさがより強調される効果をあげています。
　本の判型には、通常、世界標準規格のA判と日本独自の規格のB判などがあります。ちなみに、本書の大きさは、B5判（257ミリ×182ミリ）というものです。
　このように、本にはさまざまな大きさがあります。画家がキャンバスを選ぶように、絵とお話の効果を最大限に生かすよう工夫されているのです。

第7章

絵本の不思議な魅力や効用とは?

第7章　絵本の不思議な魅力や効用とは？

84　表紙，扉，カバー，ケースなどは，お話とどんな関わりがありますか

『**わにのなみだ**』というフランスの絵本は，ナイル川へワニを捕りにいく話で，細長い木箱にワニを誘い込んで連れ帰るのです。というわけで，この絵本は細長いケースに納まり，四角い窓から困ったようなワニの顔がのぞいています。ケースには，宛名やヒモを印刷し，木箱の体裁になっています。このアイディアのおかげで，ベストセラーになりました。

表紙は，本の顔ですから大切です。その裏にはストーリーに関わるデザインが描かれ，本の扉を開けるまでのプロセスは，話への期待をかき立てる大事な演出の部分です。

『**はじめてのおつかい**』では，ママから牛乳を買ってくるように頼まれたみいちゃんがやっとの思いで帰ってきます。お母さんが心配して迎えに出てくれました。本文はそこで終わるのですが，話は続きます。次のページに，連れだって帰る母子の後ろ姿，裏の表紙には，おいしそうに牛乳を飲む家族の団らんが描かれています。それを見て，子どもは納得するのです。

また，本のカバーの折り返しには作者のプロフィールや作品への書評等，読み聞かせに大事な情報が載っています。奥付同様，よく目を通しましょう。　　　　　【4　26　参照】

85　読み聞かせによって，子どもの気持ちが分かった例がありますか

1年生の春の遠足が上野動物園と決まり，『**かわいそうな　ぞう**』の読み聞かせをしました。この話に感動した子どもたちは，園内の動物たちのお墓にお参りすることにしました。ふだんはあまり絵本に興味を示さなA君が，あじさいの花をいっぱい抱えてやってきました。前日の夜，花を供えることを思いつき，おばあさんと庭の花を摘んできたのでした。

『**キャベツくん**』の読み聞かせは，知的発達に障害のあるB君も喜んで聞いてくれました。キャベツ君の言葉や「ブキャ！」というブタヤマさんの叫びも，すぐ覚えました。B君はお小遣いでこの本を買い，家の人に読んであげました。

C君は1年生。『**はじめてのおつかい**』の読み聞かせが終わると，「絵をよく見たい」と言い出したのです。黒猫の行動が気になったようです。その黒猫は，店先の買い物台の上にうずくまり，じっとしています。黒メガネの男が「たばこ！」と怒鳴ると，台から飛び降りてしまいます。みいちゃんがおばさんから牛乳を受け取ると，黒猫は道路の向こうからこちらの様子をうかがい，元の場所に戻ります。日頃は目立たないC君が，物ごとをよく観察し，発見しようとする意欲のある子どもだったということが分かりました。

【34　90　参照】

86 高校生でも，絵本に関心を持つのですか

ある高等学校の図書室では，外国語で書かれた絵本を置いています。外国語の勉強のためと，絵本を読み直してほしいという思いからです。その学校の校長は，新入生のクラスごとに1時間ずつ絵本の話をすることにしていました。絵本をスライドに撮り，原文を翻訳しながらの読み聞かせでした。取り上げたのは，英，米，独，仏や日本などの「ノアの箱舟」の絵本でした。　　【「I. 本文で引用した絵本の一覧」18 参照】

旧約聖書が語る壮大なこの物語は，国によって取り上げ方が異なり，それぞれの国の文化を反映するものになっています。それに気付いた生徒の感想を紹介します。「一番印象に残ったのは，ドイツの絵本です。淡い色彩と広大な背景の描写。舟は荒れ狂う大海のはざまを漂うのが画面におさまりきれず，爆発しているようでした。」思想的に深みのあるドイツの絵本から受けた鮮烈な印象を率直に述べ，それが自ずから国際理解にもなっていることが分かります。

生徒からはもう一度絵本を読み返したいという感想も多く，「絵本は，時には人生を考えさせる，奥の深いものだ」という認識に思い当たったようです。

87 意地悪をしてしまった子に読んであげたい本はありますか

『**さっちゃんのまほうのて**』では，右手に障害のある主人公のさっちゃんが幼稚園の遊びの中でいじめにあい，登園拒否になってしまいます。いじめた子どもの一人，暴れん坊のあきらくんがチョコレートの小さい包みを手に見舞いにやって来て，蚊の鳴くような声で言いました。「まだおこってる？」それを聞いてさっちゃんは，明るさを取り戻し，再び園に通うようになったのです。

小学校1年生の担任が，『**みにくいあひるの子**』を読み聞かせました。クラス一番のいじめっ子が，こんな感想を書きました。「K子ちゃんの頭にできものがいっぱいある。みにくいあひるの子に似ている。おできが治って，あひるの子みたいにきれいになるといいね。ぼくはなかよくしてあげるね」。読み聞かせが，意地悪をしてしまった子の心に大きな変化を与えたようでした。

いじめ問題の難しさは，いじめられる者の心の痛手を相手が理解しないことです。幼児期にいじめに気付かせ，思いやりの心を培っておくことは，成長してからの「いじめ」の根を断ち切る意味からも大事なことといえるでしょう。　　【66　81　参照】

88 大きくなったとき，読み聞かせが心の支えになった例を教えてください

　おばあちゃん子だったA子は，中学3年のときに大好きな祖母が亡くなり，母親が何事にも干渉するようになりました。A子はすっかり反抗的になり，これに受験の不安も重なり，やがては家に帰らず，街をうろつくような少女になってしまいました。

　思いあまった母親の相談を受けたカウンセラーは，たまたまA子の持ってきた絵本を通して心を開かせようと試みました。絵本をめぐって話し合っていくうちに，母親に構って貰えなかったと思いこんでいたA子は，幼いころにお母さんがよく絵本を読んでくれたことを思い出しました。これがきっかけとなり，母への感情を取り戻し，ようやく互いに理解し合えるようになったのです。これは「心の健康」という，ある新聞の夕刊の囲みに載っていた記事です。

　母子の危機を救ったのは，幼いときの思い出でした。読み聞かせが，幼い心にいかに深く根付くものか，ということを物語っています。　　　　　　　　　　【5　6　参照】

89 子どもだけでなく，大人も感動する絵本はありますか

　『きいちゃん』の主人公は，手足の不自由な高校生です。この絵本は，その高校生が通学していた養護学校の先生が書きました。彼女は大好きなお姉さんの結婚式を楽しみにしていたのに，母親から「出席しないで」と言われます。ところが，きいちゃんはお姉さんのたっての希望で式に出席します。お姉さんはお色直しに，きいちゃんが結婚のお祝いに作った浴衣を着て現れ，「これがわたしの大事な妹です」と言って，妹を誇らしげに紹介しました。きいちゃんは和裁を生涯の仕事にすることを心に決めたのでした。

　『よあけ』は，中国唐代の詩人，柳宗元の詩「漁翁」を絵本にしたものです。山中の湖畔の樹下に老人と少年が毛布にくるまって眠っています。湖面が月と山陰を映しています。やがて鳥たちが目覚め，明るくなり，二人は湖上にボートをこぎ出します。朝日が昇り，山と湖が緑一色に変わる，この一瞬がクライマックスです。画面構成がすばらしく，作家はアメリカ人で，アジアの文芸を材料にする視野の広さ，国際性の豊かさを感じます。

　『ロバのシルベスターとまほうの小石』『かぜは　どこへいくの』『葉っぱのフレディ ― いのちの旅』のように，平易な文でありながら，大人の胸に響く絵本もあります。「死」をテーマにした『わすれられないおくりもの』は，思い出の豊かさに気付かせてくれます。子ども向けというより，悩んでいる人にプレゼントしたくなるような『ひとつの夜』は，ヒッチコックの映画「裏窓」を彷彿とさせます。　　　　　　　【7　25　99　参照】

90 発達に障害のある幼児の能力を，絵本は引き出すことができますか

　1971年にニュージーランドの北島に生まれたクシュラという女の子は，身体的にも知能的にも障害があると診断されました。両親は勤め先の理解のもとに仕事の時間をやりくりして，どちらかは片時もクシュラの傍から離れないようにしました。彼女を抱き，絶えず声をかけるようにしたのです。クシュラが生後4ヶ月の時に初めて絵本を見せ，9ヶ月からは気に入った本を何百回も読んであげました。初めはブルーナの絵本などでしたが，3歳になると動きが多くわくわくするクライマックスのある絵本を好むようになりました。ガルドンの『**3びきのくま**』(注1) やセンダックの『**かいじゅうたちのいるところ**』，とりわけセンダックの絵本がお気に入りでした。絵本は，クシュラの潜在能力を奇跡といえるほど引き出しました。語彙は豊富に，表現は正確に，性格も明るくなり友だちもできました。祖母のバトラーは，孫娘の生育記録(注2)の中で，「子どもは経験によって精神発達を遂げるが，クシュラはこれに代わる読書によって言語発達を促すことができた」と述べ，「子どもと本を結びつける大人の役割の重要さ」を強調しています。

　クシュラの事例から，こうした家庭での読み聞かせのコツは，表紙や見返しをよく見せて想像を膨らませ，本に注意を向けさせてから読み始めること，ゆったりした気持ちで読んであげることにあるということが分かります。　　　　　　【21　22　24　48　参照】

　(注1) 他の画家の『3びきのくま』も多数ある。　【「I. 本文で引用した絵本の一覧」90 参照】
　(注2)『クシュラの奇跡―140冊の絵本との日々―』ドロシー＝バトラー著／百々佑利子訳。のら社。1984年。
　　　　［原書1979年］

第8章

絵本の環境づくり・大人と絵本とは?

91　子どもを絵本に親しませるのには，どのような工夫が必要ですか

　図書室〔館〕の本を見たり読んだりする場合にはルールやマナーが必要ですが，大事なことは，子どもが自由に絵本に触れ，親しめる条件や環境づくりです。落ち着いたコーナーにカーペットなどを敷いたり，ソファーを置いたりして，好きな姿勢で絵本に親しませるのも工夫の一つといえるでしょう。アメリカの『学校図書館運営の手引き』の中では，図書室に花を飾ることを勧めています。絵本を手にする場所は，静かな落ち着いた雰囲気であるよう配慮しましょう。絵本に関連するぬいぐるみや模型，アクセサリーやカレンダーなど，グッズを展示すれば，絵本との縁結びになるでしょう。図書室ではカバーをとってコーティングするので，不要になったカバーを掲示物に利用できます。また，カバーの絵を切り取って厚紙に張り，上に木工ボンドを塗ると光沢のあるしおり作りができ，絵本への関心を深めるきっかけにすることもできます。絵本の並べ方も工夫しましょう。

　家庭では，子どもがいつでも手にとりやすいような場所に置くように心がけましょう。

　子どもが絵本に親しめるような工夫は，学校などばかりでなく，家庭や公共図書館においても大事なことで，公共図書館の児童図書部の担当者との連携も必要になります。保護者との交流の中で，絵本の与え方などについて積極的に話し合いを持つようにしたいものです。保護者に働きかけて読み聞かせの集まりを計画したり，よい絵本を家庭に紹介・貸し出すなどの支援は，積極的に行いましょう。　　　　　　【14　90　92　93　参照】

92　絵本コーナーに，絵本をどのように並べればいいですか

　絵本コーナーでは，子どもが絵本を手にとりやすいように低い位置に置くことはもちろん，表紙がよく見えるように並べる工夫もしてみましょう。

　絵本の並べ方には，出版社別，作者別，画家別，題名のアイウエオ順など，さまざまあります。ある幼稚園では，色ラベルで日本の絵本と外国の絵本とに分け，昔話はまとめて別の色分けをし，特に読んで欲しい自然や科学，人気の高いクイズなどは目立つ色のラベルを利用して分かりやすくしています。どのように並べれば子どもが絵本を探しやすいかは，子どもの実態によるでしょう。そのためにも，普段の子どもの様子，手にとる絵本の傾向などを観察する必要があります。子どもは作者や画家の名前は知らないことが多いので，題名のアイウエオ順に並べている所が多いようです。子どもの目線に合せて工夫してください。

　子どもたちに親しまれた絵本は，背表紙などがぼろぼろになってしまうことも少なくありません。「絵本の上の部分をちょっと押すと，下の部分がとび出て取り出しやすい」ことをアドバイスしてあげるとともに，いつでも気持ちよく絵本を手にとることができるように，きちんと修理した絵本を並べて置くように心がけることも忘れないようにしましょう。

　本の天（本を立てたときの上の部分）に溜まった埃や蔵書の構成・並べ方などを見れば，読書に対する関心の深さまで分かってしまいます。図書室は内視鏡のように学校などを観察できる場所でもあります。授業参観の折などに図書室をのぞいてみると，子どもたちの日常の様子が垣間見えたりします。

93 保護者に，絵本についてどんなアドバイスが必要ですか

　ある幼稚園では，保護者に次のような手紙を出しています。「子どもたちは絵本が大好きです。絵本には子どもの心を揺り動かす魅力が，いっぱいつまっています。絵本との出会いで子どもたちは，豊かな心を培い，それが想像力を育む原動力になるのです。……」その幼稚園では毎週1回，絵本の貸し出しをしています。4歳児は保護者と一緒に絵本を選びますが，5歳児は降園時間前に図書室に行き自分で選んで借ります。子どもは，貸し出しカードに絵本の題名を書いてもらい，借りた本の冊数だけ丸形シールを花びらのように貼ります。カードは5枚の花びらの花がいくつ咲いたかで1年間に読んだ冊数が分かるよう工夫されています。これを修業式で子どもたちへプレゼントにします。親子にとって，かけがいのない記念になるでしょう。このような活動を通して，子どもが読んだ絵本について保護者と会話を交わす機会が増えれば，保護者の絵本への興味・関心・理解が自然と深くなっていくにちがいありません。

　絵本のすばらしさとともに，絵本を通した親子の心の交流こそが大切であることを伝えましょう。決して絵本を道徳的な訓話の材料にしないこと，しつけの材料としないこと，字を覚えさせる材料にしないこと，大人の感想を押しつけずに子どもの反応を大事にすること，与えっぱなしにせず絵本を通した親子の会話の時間を楽しむこと，大人がゆったりした気持ちで読み聞かせることが子どもの心を温かく包むことなどの重要性を，伝えるとよいでしょう。

【6　58　90　参照】

94 読み聞かせのために，何かプランがあった方がいいですか

　絵本の中には，季節や学校，地域の行事に合わせたい内容を含んでいるものがあります。タイミングに合わせた絵本の活用は，あらかじめ計画していないと見落としてしまいます。例えば，初夏に夏虫やホタルが主人公の絵本を取り上げれば，初夏の風物詩に触れさせることができます。

　幼稚園の指導を定めた『幼稚園教育要領』(注1) の中に「言葉」の領域があります。ねらい(3)として，「日常生活に必要な言葉が分かるようになるとともに，絵本や物語などに親しみ，先生や友達と心を通わせる」とあります。また内容(9)では，「絵本や物語などに親しみ，興味をもって聞き，想像する楽しさを味わう」と述べられています(下線，引用者)。幼稚園ではこのねらいに基づき，子どもの成長をよく見て，絵本・物語などをどのように与えるかを考え，年間計画を立てます。この計画に，ブックトーク(注2) や，読書に関するクイズやゲームなどで読書にいざなうアニマシオンを取り入れるところもあります。

【22　参照】

(注1)『幼稚園教育要領』とは，国の定めた幼稚園の教育の基準となるもの。［平成10年改訂版］
(注2)「ブックトーク」とは，あるテーマにしたがって，さまざまな種類の本を順序立てて紹介すること。目的は「その本の内容を教えること」ではなく，「その本のおもしろさを伝えること」であり，聞き手の読書意欲をかき立て，読書の幅を拡げるのに有効な方法として用いられる。

第8章 絵本の環境づくり・大人と絵本とは？

95 子どもが絵本をつくりたいと言ったら，どうすればいいですか

　親子，あるいは先生と子どもとで絵本をつくったら，豊かな思い出になるでしょう。絵本づくりの希望は小学生でも出てきます。小学校ではグループ学習で取り上げることもできるでしょう。

　絵本づくりには絵が欠かせませんが，ストーリーの構成がより重要です。子どものお気に入りの絵本がヒントになったり，身近にいる人や先生との話し合いの中から生まれる場合も多いと思います。子どもがまだ字が書けなければ，「文字なし絵本」でもいいのですが，ストーリーは必要です。

　1枚の画用紙や上質紙で作れる簡単な絵本づくりを下に紹介しましょう。また，描いた紙の裏をのりで貼ってまとめるのも一つの方法です。画用紙を折り重ねて，真ん中に穴を空けで紐やリボンで綴じたり，縦にも横にも使えるホッチキスなどで簡単にとめることもできます。角を丸く切るなどして，手づくりを楽しんでみましょう。長い紙に屏風のように等間隔の折り目をつける方法もあり，絵を貼った台紙にパンチャーで穴を開け，ホルダーに綴じ込むこともできます。

　浮かんだアイディアやストーリーをおしすすめる言葉をかきとめ，自分の子ども時代のことを思い出したり，知っている子どものことを考えたりして，あなた自身も絵本を作ることを楽しんでみてはいかがでしょう。

　絵本づくりを紹介した本には，下記のものがあります。

　　『えほんをつくる』栃折久美子著。大月書店。1983年。
　　『手づくりの本』国土社の図工えほん⑥。国土社。1981年。
　　『しかけ絵本の作り方』ジェーン＝アービン著。加納眞士訳。大日本絵画。1995年。

◆**簡単な絵本づくり**◆

　図の中の線の切り方や折り方に注意してください。
この場合，表紙，裏表紙を除いて6ページ分の絵が描けます。なお，文が縦書きの場合は右開き，横書きの場合は左開きになります。

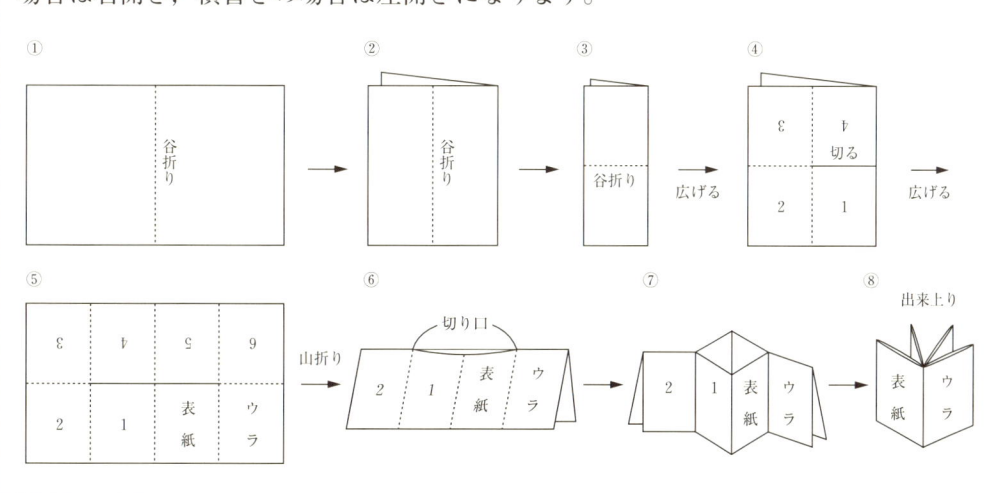

96　視聴覚機器やビデオ絵本は，読み聞かせにどう利用すればいいですか

　以前よく利用されたスライドは，子どものリズムに沿って進め方の調整ができ，ゆっくり見せたり，考えさせたりするのにも適していました。今では実物投影機をつなぐだけで，絵本を瞬時にそのまま，テレビの画面やスクリーンに映し出すことができるようになりました。部分的に拡大して見せることもできます。小さいサイズの絵本を集団に読み聞かせするときなどに利用するといいでしょう。通常の読み聞かせと同じように子どもの反応を観察でき，読む速さを子どもの反応に合わせて変えるなどの工夫もできます。しかし，画面を通して見るだけで，直接実物の絵本に手が伸びずに終わってしまうのでは，絵本との本当の出会いとはいえないでしょう。絵本はもともと，子どもに寄り添い，近い距離から見るように作られており，その上，絵本の大きさや形はさまざまで，お話と大きな関わりを持っているからです。読み聞かせのための視聴覚機器の利用は，その特性を最大限に生かせる場合，あるいは実物の絵本を手にとるきっかけを与える場合にとどめるのがいいでしょう。

　最近では，絵本のビデオ版やCD版もたくさん市販されています。プロの読み手が吹き込みをしていて効果音もすばらしく，忙しい日常の中ではつい頼りたくなってしまいます。しかし，読み聞かせには，文字を音声に変える以外に大切な働きがあります。読み聞かせは読み手と子どもとの心の交流であり，子どもにとっては愛情を吸収するかけがえのない時間なのです。いつも読み聞かせをしてあげているお母さんが，仕事で留守をするときに自分の声をテープに吹き込んであげたら，子どもはテープの声を聞きながら安心して眠ったということです。子どもの寝る時間に帰宅が間に合わない場合などには，このような利用もお勧めしたいと思います。何よりも大事なのは，読み手のその肉声なのです。

【36　46　83　参照】

97　子どもが絵本の主人公に手紙を書きたいと言ったら，どうしたらいいですか

　子どもは絵本を読んでもらいながら，頭の中でいろいろと空想し，その膨らんだ思いを押さえきれなくなることがあります。絵本の主人公に手紙を書きたくなるのも，その表れといえるでしょう。主人公と共に悲しんだり，喜んだり，時にはそのお話の登場人物を慰めてあげたいと思ったりします。相手にそれを伝えたい子どもの気持ちを汲んであげましょう。絵本の主人公はひとりとは限らないので，いろいろな相手に書く必要があるかもしれません。まだ字の書けない小さな子どもの場合は，絵手紙でもいいし，テープに吹き込む方法，ビデオレターという方法もあります。

　お話の登場人物に出す手紙は，ふつうフィクションですが，モデルになった人物や画家，作者に出すのはノンフィクションになります。相手に返事を強要しないなど，失礼にならないような配慮が必要です。

　手紙に因んだ2冊を紹介します。『かみさまへのてがみ』は，子どもたちによる神様への純真な便りです。『ゆかいなゆうびんやさん』は，変わった相手に手紙を届ける郵便屋さんのユーモアのある苦労話です。このような絵本から，手紙への関心を高めてくれることを期待したいと思います。

98　絵本を大切に扱うことを，どう教えたらいいですか

　赤ちゃんのころから絵本が身近にあると，次第にお気に入りの絵本との出会いが生まれます。子どもは好きになることで，自然に絵本を大切に扱うようになります。

　それには，絵本を大切に扱える環境づくりが必要です。玩具にオモチャ箱があるように，子どもの使い勝手を考えて本棚を用意してはどうでしょうか。家庭などでは，大人の手づくりで空き箱利用の本箱などを作ってあげたら，子どものよい思い出になるでしょう。幼稚園・保育所などではもちろんのこと，家庭でも本箱の整理のために，簡単な約束（ルール）を子どもと一緒に考えて，それを守らせるようにしたいものです。また自宅であれば，居間のテレビの脇に小さな本箱を置くと便利です。絵本だけでなく，地図，図鑑，用語辞書を置けば，ニュースの時間などにすぐに参照できます。大人たちのこのような学ぶ姿勢は，子どもへのよい家庭教育になるでしょう。

　絵本は子どものオモチャという考えがあります。大事に取っておこうという考えはあまりないかもしれません。装丁のしっかりした絵本でさえ，多くは傷んで失われがちです。ところが，そうするには惜しい絵本が少なくありません。良い絵本を長く伝えていくのは，家庭の文化の一つです。また，公共図書館の絵本が，書き込みをされたり，破られたりして返されることが多い，という話を耳にします。公共の物を大事にするマナーの大切さも話してあげましょう。

【71　参照】

99　大人が楽しめる絵本はありますか

　『アンジュール　ある犬の物語』『木を植えた男』『おおきな木』『悪魔のりんご』『おばあさんになった女の子は』を手にとってみてはいかがでしょう。『旅の絵本』〜『旅の絵本Ⅳ』もお薦めします。艶笑的な興味をねらった大人向けのしかけ絵本もありますが，いい絵本には，子どもも大人も共に楽しめる味わい深さがあります。上にあげた作品に共通しているのは，人生を考えさせる内容の深みです。

　ドイツの最高峰ゲーテの文学作品が絵本化された『**絵本ファウスト**』『**メルヒェン**』もあります。モーツァルトの歌劇を絵本化した『**魔笛**』は，1998年にフランクフルト歌劇場で上演された「魔笛」の舞台美術や衣装の草案をもとに構成されました。神秘的なものと喜劇的なもの，幻想的な情景などが絵の中に凝縮されています。花岡大学の『**世界一の石の塔**』をはじめ，太宰治，宮沢賢治など，日本人作家の文学作品も多数絵本化されています。

　子どものころに出会った絵本が生涯の友となることも少なくありません。子どもの愛玩物となる絵本は，傷んで消耗していきます。しかし，思い出深い絵本や親子による自作絵本などは，家庭の文化財として残していきたいものです。

　大人たちがどれだけ絵本に深い関心と理解を抱くかにより，絵本にその国や国民の文化レベルが反映するといっても過言ではないでしょう。

【7　25　86　89　参照】

100 昔どんな絵本があったのか，調べ方を教えてください

　『**近世子どもの絵本集**』(注1) は江戸時代の絵本を上方（京阪）と江戸に分けて編集し，豊富な図版を載せていて参考になります。当時の絵本は江戸が中心と見られ，表紙の色彩によって赤小本・赤本・黒本・青本・黄表紙，数冊を合本にした合巻に分け，これらをまとめて草双紙と呼びます。絵が主で文は従，赤本（18×13 cm）が絵本の大きさの基準でした。草双紙はお年玉に用いられたり，大人も一緒に楽しんでいたようです。その多くは刊行年や発行部数が明らかでないため，時代考証等に困難を伴っています。

　大阪府立国際児童文学館は，元早稲田大学教授 鳥越信の寄贈書を核として造られました。明治期からの貴重な絵本が多く，古書の収集にも力を入れていて，閲覧可能です。

　イギリスの州立図書館長を勤めたエドガー＝オズボーン氏が，夫妻で長年収集した2000冊の児童書をカナダのトロント公立図書館に寄贈したのは1949年のことでした。以来同図書館がこのコレクションを基に拡充を図り，1962年以降「リリアン H. スミス＝コレクション」(注2) として引き継がれ，英米の優れた児童図書が引き続き収集されていて，必要な手続きをとれば閲覧も可能です。ほるぷ出版の「複刻 世界の絵本館―オズボーン＝コレクション」（34巻）は，このコレクションの中から18〜19世紀の優れた欧米作品を選んで，1979年に国際児童年記念出版として日本で複製刊行されたものです。1984年には引き続き30巻が複製刊行され，これらの一部は日本語に訳されて別途刊行されています。

　欧米絵本の200年の歩みを簡単にまとめて紹介したのが『こんな絵本があった』(注3) です。図版が多く，読みやすい内容です。また，「ちひろ美術館」等では世界中の絵本原画の蒐集に力を入れており，『ちひろと世界の絵本画家たち ちひろ美術館コレクション』(注4) が豊富なカラー図版入りで刊行されています。

　こうしたものを参考に調べてみてください。　　　　【2　3　14　20　26　参照】

(注1)　『近世子どもの絵本集 江戸篇』鈴木重三・木村八重子編。 岩波書店。1985年。
　　　　『近世子どもの絵本集 上方篇』中野三敏・肥田晧三編。岩波書店。1985年。
(注2)　カナダのトロント公共図書館「リリアン H. スミス館」（Lillian H. Smith Library）
　　　　239 College Street, Toronto, Ontario, M5T 1R5, Canada
(注3)　『こんな絵本があった――こどもの本の挿絵の歴史』ウィリアム＝フィーヴァー著。青木由紀子訳。晶文社。1978年。［原書 1977年］
(注4)　『ちひろと世界の絵本画家たち ちひろ美術館コレクション』ちひろ美術館編著。講談社。2000年。

資料編

I. 本文で引用した絵本の一覧
II. 国内外の絵本と文学の年表

国立国会図書館 国際子ども図書館

I. 本文で引用した絵本の一覧

1. 未邦訳の絵本については原書を示した。また，原書の欧文の書名は斜字体で示した。
2. 社名変更があった絵本には，初版を刊行した時の出版社名を示した。
3. 改訂などで，書名が変更された絵本，また書名が同じで内容変更がされた絵本は，両方とも示した。
4. 出版社の後ろに示した年号は初版年，［ ］内は，原書での初版年を示す。また，最初は月刊誌として出版され，その後「傑作集」などとしても発行されたものは「変更前 → 変更後」として示し，最初に発行されたものの初版年を示した。さらに，大型絵本など，判型や造本形態が異なる場合は，最初に発行されたものの初版年を示した。
5. 作者等の表記は奥付（奥付に記載されていない場合は中扉など）に準じて表記した。ただし，外国の人名は，「名＝姓」のように（・）でなく（＝）で表し，原則として片仮名で表記した。また，「さく・え」などは「作・絵」，「ぶん」は「文」，「やく」は「訳」などとし，「作者／訳者」の順で示し，斜線（／）で区別した。
6. この一覧に掲げた絵本は，現在品切れ，絶版のものも含む。
7. 最初のマークは，本文での「100の質問」の記号番号を示す。

❷ *The Traditional Faery Tales.* Edited by Felix Summerly. Published by Joseph Cundall.［1845年］→ほるぷ出版より複刻発売 1981年

『世界図絵』 J. A. コメニウス 著／井ノ口淳三 訳 ミネルヴァ書房 1988年［1658年］

❸ 『カモさんおとおり』 Robert McCloskey 原著／磯貝瑤子 訳 日米出版社 1950年［1941年］

『かもさんおとおり』 ロバート＝マックロスキー 文・絵／わたなべしげお 訳 福音館書店 1965年［1941年］

『アンガスとあひる』 マージョリー＝フラック 作・絵／瀬田貞二 訳 福音館書店 1974年［1930年］

『ちいさいおうち』（岩波のこどもの本） バージニア＝リー＝バートン お話・絵 岩波書店 1954年［1942年］

『ちいさいおうち』（大型絵本） バージニア＝リー＝バートン 文・絵／いしいももこ 訳 岩波書店 1965年［1942年］

『ちいさいおうち』（改版） バージニア＝リー＝バートン 文・絵／石井桃子 訳 岩波書店 1981年［1942年］

『かにむかし』 木下順二 文／清水崑 絵 岩波書店 1959年

Aesopus moralisatus. By Gualterus Anglicus.［14th century］

Historia di Lionbruno. Attributed to Cirino. Printed by Vindelinus de Spira.［1476年？］

In Fairy Land. A Series of Pictures from the Elf-World. Illustrated by Richard Doyle. Poem by William Allingham. Published by Longmans, Green, Reader & Dyer.［1870年］→ ほるぷ出版より複刻発売 1979年

『妖精の国で』 R. ドイル 絵／W. アリンガム 詩／矢川澄子 訳 筑摩書房 1988年［1870年］

❹ 『いたずらこねこ』 バーナディン＝クック 文／レミイ＝シャーリップ 絵／まさきるりこ 訳 福音館書店 1964年［1956年］

❻ 『もこ もこもこ』 谷川俊太郎 作／元永定正 絵 文研出版 1977年

❽ 『月夜のみみずく』 ジェイン＝ヨーレン 詩／ジョン＝ショーエンヘール 絵／工藤直子 訳 偕成社 1989年［1987年］

『雪の写真家ベントレー』 ジャクリーン＝ブリッグズ＝マーティン 作／メアリー＝アゼアリアン 絵／千葉茂樹 訳 BL出版 1999年［1998年］

『キツネ』 マーガレット＝ワイルド 文／ロン＝ブルックス 絵 寺岡襄 訳 BL出版 2001年［2000年］

『ぜったい たべないからね』 ローレン＝チャイルド 作／木坂涼 訳 フレーベル館 2002年［2000年］

『いつも だれかが…』 ユッタ＝バウアー 作・絵／上田真而子 訳 徳間書店 2002年［2001年］

『シェイプ＝ゲーム』 アンソニー＝ブラウン 作／藤本朝巳 訳 評論社 2004年［2003年］

❾ 『鹿よ おれの兄弟よ』 神沢利子 作／G. D. パヴリーシン 絵 福音館書店 2004年

『おばけドライブ』 スズキコージ 作 ビリケン出版 2003年

『あらしのよるに』 木村裕一 作／あべ弘士 絵 講談社 1994年

『かんがえるカエルくん』 いわむらかずお 作 福音館書店 1996年
『だいじょうぶ だいじょうぶ』 いとうひろし 作・絵 講談社 1995年
『うさぎのおうち』 マーガレット=ワイズ=ブラウン 文／ガース=ウィリアムズ 絵／松井るり子 訳 ほるぷ出版 2004年［1956年］
『カマキリ』 今森光彦 著 アリス館 2003年
『あさ・One morning』 井沢洋二 絵／舟越カンナ 文 ジー＝シー 1985年
『セーターになりたかった毛糸玉』 津田直美 作・絵 ジー＝シー 1986年
『ソメコとオニ』 斎藤隆介 作／滝平二郎 絵 岩崎書店 1987年
『とべバッタ』 田島征三 作 偕成社 1988年
『だいちゃんと うみ』（こどものとも→こどものとも傑作集） 太田大八 作・絵 福音館書店 1979年
『ふしぎのおうちはドキドキなのだ』 武田美穂 作・絵 ポプラ社 1991年
『どんなかんじかなあ』 中山千夏 文／和田誠 絵 自由国民社 2005年
『ないた』 中川ひろたか 作／長新太 絵 金の星社 2004年
『しゃっくりがいこつ』 マージェリー＝カイラー 作／S. D. シンドラー 絵／黒宮純子 訳 セーラー出版 2004年［2002年］

⑩ 『したきりすずめ』 石井桃子 再話／赤羽末吉 画 福音館書店 1982年
『つるにょうぼう』 矢川澄子 再話／赤羽末吉 画 福音館書店 1979年
『きたきつねのゆめ』 手島圭三郎 絵・文 福武書店 1985年
『おおはくちょうのそら』 手島圭三郎 絵・文 福武書店 1983年
『ひろしまのピカ』 丸木俊 文・絵 小峯書店 1980年
『みんな うんち』（かがくのとも→かがくのとも傑作集） 五味太郎 作 福音館書店 1977年
『土のふえ』 今西祐行 作／沢田としき 絵 岩崎書店 1998年
『どうぶつえんガイド』（かがくのとも） あべ弘士 作 福音館書店 1991年
『どうぶつえんガイド』（かがくのほん） あべ弘士 作・絵／なかのまさたか デザイン 福音館書店 1995年
『くれよんの くろくん』 なかやみわ 作・絵 童心社 2001年

⑱ NOAH'S ARK. By Judy Brook. Published by World's Work Ltd.［1972年］
Noah's ark. By Gertrud Fussenegger. Illustrated by Annegert Fuchshuber. Translated by Anthea Bell. Published by Hodder & Stoughton.［1912年］
『ノアのはこ舟のものがたり』 E. ボイド＝スミス 作／大庭みな子 訳 ほるぷ出版 1986年［1905年］

㉑ 『いちご』（こどものとも→幼児絵本） 平山和子 作 福音館書店 1984年
『てぶくろ』（ウクライナ民話） エウゲーニー M. ラチョフ 絵／うちだりさこ 訳 福音館書店 1965年［1950年］
『あついあつい ひ』 しのづかゆみこ 作・絵 佼成出版社 2002年
『かさじぞう』（こどものとも→こどものとも傑作集） 瀬田貞二 案／赤羽末吉 画 福音館書店 1961年
『ふゆめ がっしょうだん』（かがくのとも→かがくのとも傑作集） 冨成忠夫・茂木透 写真／長新太 文 福音館書店 1986年
『はじめてのおつかい』（こどものとも→こどものとも傑作集） 筒井頼子 作／林明子 絵 福音館書店 1976年
『ちびくろさんぼのおはなし』 ヘレン＝バナーマン 著／なだもとまさひさ 訳 径書房 1999年［1899年］
『ちびくろ・さんぼ』 ヘレン＝バンナーマン 文／フランク＝ドビアス 絵／光吉夏弥 訳 岩波書店 1953年［1927年］
『ちびくろ・さんぼ』（岩波書店版を部分的に復刊） ヘレン＝バンナーマン 文／フランク＝ドビアス 絵／光吉夏弥 訳 瑞雲舎 2005年
The Story of Little Black Sambo. By Helen Bannerman. Published by Chatto & Windus.［1899年］

㉒ 『ぼく にげちゃうよ』 マーガレット＝ワイズ＝ブラウン 文／クレメント＝ハード 絵／岩田みみ 訳 ほるぷ出版 1976年［1942年］
『おおきくなるっていうことは』 中川ひろたか 文／村上康成 絵 童心社 1999年
『いたずらこねこ』 4 参照
『いない いない ばあ』 松谷みよ子 文／瀬川康男 画 童心社 1967年
『おおきなかぶ』（こどものとも→こどものとも傑作集→新版） 内田莉莎子 訳／佐藤忠良 画 福音館書店

I. 本文で引用した絵本の一覧

  1962 年
『おおきな　おおきな　おおきなかぶ』　ヘレン=オクセンバリー 絵／アレクセイ=トルストイ 文／こぐま社編集部 訳　こぐま社　1991 年［1968 年］
『ちいさいおうち』　**3** 参照
『てぶくろ』　**21** 参照
『ぐりとぐら』（こどものとも→こどものとも傑作集）　中川李枝子 文／大村百合子 絵　福音館書店　1963 年
23 *Bear.*　By John Schoenherr.　Published by Philomel Books.［1991 年］
24 『ラプンツェル』　グリム原作　バーナデット=ワッツ 著／大島かおり 訳　佑学社　1979 年［1974 年］
『雪の女王』　ハンス=クリスチャン=アンデルセン 原作／バーナデット=ワッツ 絵／佐々木田鶴子 訳　西村書店　1987 年［1986 年］
『いばらひめ』（グリム童話）　スベン=オットー 絵／矢川澄子 訳　評論社　1978 年［1973 年］
『みにくいあひるの子』　ハンス=クリスチャン=アンデルセン 作／スベン=オットー=S. 絵／木村由利子 訳　ほるぷ出版　1979 年［1975 年］
26 『りゅうのめのなみだ』　浜田広介 文／いわさきちひろ 絵　偕成社　1965 年
27 『ジャンヌ=ダルク』　M. ブーテ=ド=モンヴェル 作／矢川澄子 訳　ほるぷ出版　1978 年［1973 年］
『スガンさんの　やぎ』　ドーデー 原作／岸田衿子 文／中谷千代子 絵　偕成社　1966 年
『花さき山』　斎藤隆介 文／滝平二郎 絵　岩崎書店　1969 年
『くまの　コールテンくん』　ドン=フリーマン 作／松岡享子 訳　偕成社　1975 年［1968 年］
『三月ひなのつき』　石井桃子 著／朝倉摂 画　福音館書店　1963 年
『かいじゅうたちのいるところ』　モーリス=センダック 作／じんぐうてるお 訳　冨山房　1975 年［1963 年］
28 『スガンさんの　やぎ』　**27** 参照
『三びきのこぶた』（こどものとも→こどものとも傑作集）　瀬田貞二 訳／山田三郎 絵　福音館書店　1960 年
『ありと　きりぎりす』　スター社 作・画　三芽出版　1981 年
『せみと　あり』　エブ=タレル 絵／間所ひさこ 文　学習研究社　1984 年
29 『三びきのこぶた』　**28** 参照
『三びきのやぎのがらがらどん』（北欧民話）　マーシャ=ブラウン 絵／せたていじ 訳　福音館書店　1965 年［1957 年］
『ないた　あかおに』　浜田廣介 文／池田龍雄 絵　偕成社　1965 年
『にんぎょひめ』　曾野綾子 文／岩崎ちひろ 絵　偕成社　1967 年
30 『キャベツくん』　長新太 作・絵　文研出版　1980 年
『ひゅるひゅる』　せなけいこ　童心社　1993 年
『じごくのそうべえ』　田島征彦 作　童心社　1978 年
32 『三びきのこぶた』　**28** 参照
『さんびきの　こぶた』　杉山径一 文／田畑精一 絵　チャイルド本社　1980 年
『3 びきのこぶた』（ディズニー名作アニメ→ディズニー名作ゴールド絵本）　福川祐司 文／斎藤妙子 構成　講談社　1997 年
33 『あかてぬぐいの　おくさんと　7 にんのなかま』　イ=ヨンギョン 作／かみやにじ 訳　福音館書店　1999 年［1998 年］
『こいぬのうんち』　クォン=ジョンセン 文／チョン=スンガク 絵／ピョン=キジャ 訳　平凡社　2000 年［1996 年］
Fati and the Honey Tree.　An original story from Osu Library Fund.　Illustrated by Therson Boadu.　Published by Sub-Saharan Publishers.［2002 年］
『ねこのくにのおきゃくさま』　シビル=ウェッタシンハ 作／松岡享子 訳　福音館書店　1996 年
34 『スイミー』　レオ=レオニ 作／谷川俊太郎 訳　好学社　1969 年［1963 年］
『こすずめのぼうけん』（こどものとも→こどものとも傑作集）　ルース=エインワース 作／いしいももこ 訳／ほりうちせいいち 絵　福音館書店　1976 年
『しろいうさぎとくろいうさぎ』　ガース=ウィリアムズ 文・絵／まつおかきょうこ 訳　福音館書店　1965 年［1958 年］
35 『カボチャ　ありがとう』　木葉井悦子 作　架空社　1994 年
41 『スイミー』　**34** 参照

87

- **42** 『いたずらきかんしゃちゅうちゅう』 バージニア=リー=バートン 文・絵／むらおかはなこ 訳 福音館書店 1961年［1937年］
- **48** 『はじめてのおつかい』 **21** 参照
  - 『はっけん・はっけん 大はっけん！』 アンヌーマリ=シャープトン 作／ジェラール=フランカン 絵／すえまつひみこ 訳 偕成社 1998年［1992年］
  - 『あおくんときいろちゃん』 レオ=レオーニ 作／藤田圭雄 訳 至光社 1967年［1959年］
- **51** 『三びきのやぎのがらがらどん』 **29** 参照
- **52** 『スーホのしろいうま』（こどものとも→復刻版） 大塚勇三 訳／赤羽末吉 絵 福音館書店 1961年
  - 『スーホの白い馬』（モンゴル民話） 大塚勇三 再話／赤羽末吉 画 福音館書店 1967年
- **53** 『ふしぎなたけのこ』 松野正子 作／瀬川康男 絵 福音館書店 1963年
  - 『なんじゃらほい』 木葉井悦子 作 福音館書店 1994年
- **55** 『はらぺこ あおむし』 エリック=カール 作／もりひさし 訳 偕成社 1976年［1969年］
- **56** 『いたずら かまきり キリリ』 得田之久 作 童心社 2003年
  - 『アラネア』 J.ワグナー 文／R.ブルックス 絵／大岡信 訳 岩波書店 1979年［1975年］
  - 『だれだか わかるかい？—むしのかお』（かがくのとも→かがくのとも傑作集） 今森光彦 文・写真 福音館書店 1991年
  - 『ありこのおつかい』 石井桃子 作／中川宗弥 絵 福音館書店 1968年
  - 『ゴキブリ 400000000年』 松岡洋子 文／松岡達英 絵 北隆館 1970年
  - 『へびのクリクター』 トミー=ウンゲラー 作／中野完二 訳 文化出版局 1974年［1958年］
- **57** 『あおくんときいろちゃん』 **48** 参照
  - 『パパ、お月さまとって！』 エリック=カール 作／もりひさし 訳 偕成社 1986年［1986年］
- **58** 『ミッフィーの どうぶつ だあれ』 ディック=ブルーナー 絵 講談社 2003年［1953年］
  - 『だれか いますか』 たかどのほうこ 文／夏目ちさ 絵 福音館書店 2002年
  - 『ころ ころ ころ』（年少版・こどものとも→幼児絵本） 元永定正 作 福音館書店 1982年
  - 『いない いない ばあ』 **22** 参照
  - 『のせて のせて』 松谷みよ子 文／東光寺啓 絵 童心社 1969年
  - 『わらべうた絵本』 松田けんじ 著 リブロポート 1992年
  - 『みんなの こもりうた』 トルード=アルベルチ 文／なかたにちよこ 絵／いしいももこ 訳 福音館書店 1966年
- **59** 『ノンタン おねしょで しょん』 キヨノサチコ 作・絵 偕成社 1978年
  - 『ひとりで うんち できるかな』 木村裕一 作 偕成社 1989年
  - 『はけたよ はけたよ』 神沢利子 文／西巻茅子 絵 偕成社 1970年
  - 『がんばれ はぶらしハーマン』 木村裕一 作／田中四郎 絵 偕成社 1988年
  - 『ごあいさつ ごあいさつ』 渡辺有一 作 あかね書房 1999年
  - 『きょうりゅうくんは するよ・しないよ』 シド=ホフ 作／こだまともこ 訳 文化出版局 1985年［1975年］
- **60** 『はるかぜのたいこ』 安房直子 作／葉祥明 絵 金の星社 1980年
  - 『四季の子どもたち』 市川里美 作 偕成社 1981年
  - 『もりのこびとたち』 エルサ=ベスコフ 作・絵／おおつかゆうぞう 訳 福音館書店 1981年［1965年］
  - 『はる なつ あき ふゆ』 ジョン=バーニンガム 作／岸田衿子 訳 ほるぷ出版 1975年［1969年］
  - 『木のうた』 イエラ=マリ 作 ほるぷ出版 1977年［1975年］
- **61** 『十二しの はじまり お正月に 読む絵本』 木暮正夫 文／中村景児・小熊康司 絵 世界文化社 1987年
  - 『ぐりとぐらのおきゃくさま』（こどものとも→こどものとも傑作集） なかがわりえこ 作／やまわきゆりこ 絵 福音館書店 1966年
  - 『急行「北極号」』 クリス=ヴァン=オールズバーグ 著／村上春樹 訳 河出書房新社 1987年［1985年］
- **62** 『はしれ江ノ電 ひかりのなかへ』 金子章 作／渡辺有一 絵 PHP研究所 1999年
  - 『ひさの星』 斎藤隆介 作／岩崎ちひろ 絵 岩崎書店 1972年
  - 『ちいさなもみのき』 マーガレット=ワイズ=ブラウン 作／バーバラ=クーニー 絵／上條由美子 訳 福音館書店 1993年［1954年］
  - 『いつでも会える』 菊田まりこ 著 学習研究社 1998年
- **63** 『だってだっての おばあさん』 さのようこ 著 フレーベル館 1975年

I. 本文で引用した絵本の一覧

64 『まっくろけの　まよなかネコよ　おはいり』　J.ワーグナー 文／R.ブルックス 絵／大岡信 訳　岩波書店　1978年［1977年］
『ソリちゃんのチュソク』　イ=オクベ 絵・文／みせけい 訳　セーラー出版　2000年［1995年］
『せかいのひとびと』　ピーター=スピアー 絵・文／松川真弓 訳　評論社　1982年［1980年］

65 『ほたる』　山本真理子 作／佐伯和子 絵　岩崎書店　1982年
『戦火のなかの子どもたち』　岩崎ちひろ 作　岩崎書店　1973年
『オットー　戦火をくぐったテディベア』　トミー=ウンゲラー 作／鏡哲生 訳　評論社　2004年［1999年］
『あの夏の日』　葉祥明 絵・文／長崎市 編集協力・英訳／吉崎克美 アートディレクション　自由国民社　2000年

66 『さっちゃんの　まほうのて』　たばたせいいち・先天性四肢障害児父母の会・のべあきこ・しざわさよこ 共同制作　偕成社　1985年
『わたし　いややねん』　吉村敬子 文／松下香住 絵　偕成社　1980年
『ぼくのだいじな　あおいふね』　ディック=ブルーナ 画／ピーター=ジョーンズ 作／中川健蔵 訳　偕成社　1986年［1984年］
『なないろのクラ』　Macこば（小林映子）　特定非営利活動法人 ユニバーサルデザイン絵本センター　2004年
『バースデーケーキが　できたよ』　くぼりえ 作・絵　ひさかたチャイルド　2002年
『てではなそう　きらきら』　佐藤慶子 作／沢田としき 絵　小学館　2002年

67 『むったんの海』　寺田志桜里 文・絵／東菜奈 英訳／山下弘文 解説／マーガレット=スズキ 英訳　くもん出版　1999年
『トビウオの　ぼうやは　びょうきです』　いぬいとみこ 作／津田櫓冬 絵　金の星社　1982年
『とおい　とおい　アフリカの─Elephant Moon─』　ビジョー=ル=トール 作／落合恵子 訳　アリス館　1996年［1990年］

68 『ちいさなもみのき』　**62** 参照
『かさじぞう』　**21** 参照
『かさじぞう』　織田道代 文／木葉井悦子 絵　鈴木出版　1995年
『みにくいあひるの子』　**24** 参照
『こびとのくつやさん』　エヴ=タルレ 絵／遠山明子 訳　ほるぷ出版　1990年［1987年］
『かえるの王さま』　ビネッテ=シュレーダー 絵／矢川澄子 訳　岩波書店　1992年［1989年］
『神の道化師』　トミー=デ=パオラ 作／湯浅フミエ 訳　ほるぷ出版　1980年［1978年］
『天国はおおさわぎ　天使セラフィーノの冒険』　ガブリエル=バンサン 作／今江祥智 訳　ブックローン出版　1990年［1988年］

69 『ねえ，どれが　いい？』　ジョン=バーニンガム 作／まつかわまゆみ 訳　評論社　1983年［1978年］
『かみひこうき』（かがくのとも→かがくのとも傑作集）　小林実 文／林明子 絵　福音館書店　1973年

70 『絵巻えほん・川』　前川かずお 著　こぐま社　1981年
『かわ』（こどものとも→こどものとも傑作集）　加古里子 作・絵　福音館書店　1962年
『おおきなきがほしい』　佐藤さとる 文／村上勉 絵　偕成社　1971年
『おおきな　おおきな　おいも』　市村久子 原案／赤羽末吉 著　福音館書店　1972年

71 『これ，なあに？』　バージニア=アレン=イエンセン・ドーカス=ウッドバリー=ハラー 作／くまがいいくえ 訳　偕成社　1979年［1977年］
『くもさん　おへんじ　どうしたの』　エリック=カール 作／もりひさし 訳　偕成社　1985年［1984年］
『おうちのまわりで』　ルーシー=カズンズ 作／五味太郎 描き文字　偕成社　1993年［1992年］

72 『にじいろの　さかな』　マーカス=フィスター 作／谷川俊太郎 訳　講談社　1995年［1992年］
『ミラクルバナナ』　ジョルジュ=キャストラ／ロドニィ=サン=エロワ 作／ルイジアーヌ=サン=フルラン 絵／加古里子 文　学習研究社　2001年
『さわってごらん　だれのかお？』　中塚裕美子 作　岩崎書店　1999年
『ボタンのくに』　中村成夫・西巻茅子 著　こぐま社　1967年

73 『ぼくのともだち，おつきさま』　アンドレ=ダーハン 作　架空社　1988年［1987年］

74 『ABCのえほん』　アンナ=ロス 文／ノーマン=ゴーバディ 絵／マック=ツイン 訳　偕成社　1994年［1992年］
『どうぶつ　はやくちあいうえお』　岸田裕子 作／片山健 画　のら書店　1996年

『ABCの本　へそまがりの　アルファベット』　安野光雅　福音館書店　1974年

75　『月へいった　女の子　アイヌむかしばなし』　鈴木トミエ　絵・文　北海道出版企画センター　1986年
『ふなひき太良』（沖縄の絵本）　儀間比呂志　作・絵　岩崎書店　1971年
『狐とかわうその知恵くらべ』　鈴木サツ　語り／太田大八　絵／川崎洋　監修　瑞雲舎　1995年

76　『なぞなぞえほん』（1のまき～3のまき）　中川李枝子　作／山脇百合子　絵　福音館書店　1988年
『なぞなぞあそびうた』　角野栄子　作／スズキコージ　画　のら書店　1989年
『なぞなぞ100 このほん』　M. ブラートフ　採集／松谷さやか　編・訳／M. ミトゥーリチ　絵　福音館書店　1994年
『なぞなぞ　ねずみくん』　なかえよしを　作／上野紀子　絵　ポプラ社　2002年

77　『ふゆめ　がっしょうだん』　**21** 参照
『たんぽぽ』（かがくのとも→かがくのとも傑作集）　平山和子　文・絵　福音館書店　1972年
『たんぽぽ』　甲斐信枝　作・絵　金の星社　1984年
『ひがんばな』（かがくのとも→かがくのとも傑作集）　甲斐信枝　作　福音館書店　1977年
『おへそのひみつ』（かがくのとも→かがくのとも傑作集）　やぎゅうげんいちろう　作　福音館書店　1998年
『かさぶたくん』（かがくのとも→かがくのとも傑作集）　やぎゅうげんいちろう　作　福音館書店　1997年
『よわいかみ　つよいかたち』　かこさとし　著・絵　童心社　1968年
『ひかりとおとの　かけくらべ』　かこさとし　著／田畑精一　絵　童心社　1968年

78　『おおきなかぶ』　**22** 参照
『てぶくろ』　**21** 参照
『おおかみと七ひきのこやぎ』（グリム童話）　フェリクス=ホフマン　絵／せたていじ　訳　福音館書店　1967年［1957年］
『おおかみと七ひきの子やぎ』（グリム童話）　スベン=オットー　絵／矢川澄子　訳　評論社　1980年［1977年］
『三びきのやぎのがらがらどん』　**29** 参照
『かにむかし』　**3** 参照
『どろぼう　がっこう』　加古里子　絵・文　偕成社　1973年

79　『くじらの歌ごえ』　ダイアン=シェルダン　作／ゲイリー=ブライズ　絵／角野栄子　訳　ブックローン出版　1991年［1990年］
『かいじゅうたちのいるところ』　**27** 参照
『うらしまたろう』　松谷みよ子　文／いわさきちひろ　絵　偕成社　1967年
『いっすんぼうし』　石井桃子　文／秋野不矩　絵　福音館書店　1965年
『めっきらもっきら　どおんどん』（こどものとも→こどものとも傑作集）　長谷川摂子　作／ふりやなな　画　福音館書店　1985年
『やねの上にさいた花』　インギビョルグ=シーグルザルドッティル　作／ブライアン=ピルキントン　絵／はじあきこ　訳　さ・え・ら書房　2006年［1985年］

80　『きいろいのは　ちょうちょ』　五味太郎　作・絵　偕成社　1983年
『コロちゃんはどこ？』　エリック=ヒル　著　評論社　1983年［1980年］
『だんまり　こおろぎ』　エリック=カール　作／工藤直子　訳　偕成社　1990年［1990年］

81　『くまのコールテンくん』　**27** 参照

82　『きょうは　カバが　ほしいな』　ヴィルヘルム=シュローテ　絵／エリザベス=ボルヒャース　文／武井直紀　訳　偕成社　1980年［1976年］

83　『ピーターラビットのおはなし』　ビアトリクス=ポター　作・絵／いしいももこ　訳　福音館書店　1971年［1902年］
『つきのぼうや』　イブ=スパング=オルセン　作・絵／やまのうちきよこ　訳　福音館書店　1975年［1962年］
『わにのなみだ』　アンドレ=フランソワ　作／巖谷国士　訳　ほるぷ出版　1979年［1967年］
『ねこのオーランドー』　キャスリーン=ヘイル　作・画／脇明子　訳　福音館書店　1982年［1938年］

84　『わにのなみだ』　**83** 参照
『はじめてのおつかい』　**21** 参照

85　『かわいそうな　ぞう』　土家由岐雄　文／武部本一郎　絵　金の星社　1970年
『キャベツくん』　**30** 参照

I. 本文で引用した絵本の一覧

『はじめてのおつかい』 **21** 参照

87 『さっちゃんのまほうのて』 **66** 参照

『みにくいあひるの子』 **24** 参照

89 『きいちゃん』 山本加津子 著／多田順 装画　アリス館　1999 年

『よあけ』 ユリー=シェルヴィッツ 作・画／瀬田貞二 訳　福音館書店　1977 年［1974 年］

『ロバのシルベスターとまほうの小石』 ウィリアム=スタイグ 作／せたていじ 訳　評論社　1975 年［1969 年］

『かぜは　どこへいくの』 シャーロット=ゾロトウ 作／ハワード=ノッツ 画／松岡享子 訳　偕成社　1981 年［1975 年］

『葉っぱのフレディ―いのちの旅』 レオ=バスカーリア 作／みらいなな 訳　童話屋　1998 年［1982 年］

『わすれられないおくりもの』 スーザン=バーレイ 作・絵／小川仁央 訳　評論社　1987 年［1984 年］

『ひとつの夜』 やすいすえこ 詩／いもとようこ 絵　偕成社　1991 年

90 『3 びきのくま』 ポール=ガルドン 作／多田裕美 訳　ほるぷ出版　1975 年［1972 年］

『3 びきのくま』（こどものとも→復刻版） トルストイ 原作　瀬田貞二 訳／山田三郎 絵　福音館書店　1961 年

『3 びきのくま』 トルストイ 原作／片山健 絵／千野栄一 訳　三起商行　1987 年

『3 びきのくま』 バスネツォフ 絵／おがさわらとよき 訳　福音館書店　1962 年［1961 年］

『かいじゅうたちのいるところ』 **27** 参照

97 『かみさまへのてがみ』 エリック=マーシャル・スチュアート=ハンプル 編　谷川俊太郎 訳／葉祥明 イラスト　サンリオ　1977 年

『ゆかいなゆうびんやさん』 ジャネット=アルバーグ・アラン=アルバーグ 作／佐野洋子 訳　文化出版局　1987 年［1986 年］

99 『アンジュール　ある犬の物語』 ガブリエル=バンサン 作　ブックローン出版　1986 年［1982 年］

『木を植えた男』 ジャン=ジオノ 原作／フレデリック=バック 画／寺岡襄 訳　あすなろ書房　1989 年［1983 年］

『おおきな木』 シェル=シルヴァスタイン 作・絵／ほんだきいちろう 訳　篠崎書林　1976 年［1964 年］

『悪魔のりんご』 船橋克彦 作／宇野亜喜良 絵　小学館　2006 年

『おばあさんになった女の子は』 石井睦美 文／宇野亜喜良 絵　講談社　2006 年

『旅の絵本』 安野光雅 著　福音館書店　1977 年

『旅の絵本 IV』 安野光雅 著　福音館書店　1983 年

『絵本ファウスト』 山本容子 絵／池内紀 文　集英社　2000 年

『メルヒェン』 ヨハン=ヴォルフガング=フォン=ゲーテ 原作／ヴェルナー=ディードリッヒ 画　乾侑美子 訳　あすなろ書房　1991 年［1985 年］

『魔笛』 ミヒャエル=ゾーヴァ 画／那須田淳 文　講談社　2002 年［2000 年］

『世界一の石の塔』 花岡大学 作／戸田幸四郎 画　戸田デザイン研究室　1984 年

II. 国内外の絵本と文学の年表

作成の意図と事項選択の基準

1. 本年表には，国内外の絵本とともに，児童文学作品を中心に，絵本関連文献・時代背景の年表を併記して示した。これを絵本との関連年表とするには，綿密な絵本史的裏付けが必要である。日本の絵本通史は未だ研究途上であり，完全な絵本史年表の作成は現時点では困難ではないだろうか。本年表では，日本の作品，外国の作品ともに，作品の初版年を記載したが，原作の初版年については，未だ研究の余地を残している。しかし，本年表によって各絵本の創刊年を知ることは，絵本理解に多少なりとも役立つと思われる。また，絵本は国の文化レベルを考える上で重要な指標の一つであり，年表によって日本の絵本の歩みを外国の状況と比較する意義も否定できない。
2. 本年表には，初版年2000年までの絵本で，作品としての価値が高く問題提起をしていると思われる絵本，作者の代表的あるいは主要な作品と見られる絵本，及び，本書の「I. 本文で引用した絵本の一覧」に示したものを記載した。なお，1990年代に出版された絵本については，評価が十分に定まっているとはいえず，年表として記載するには，公正と妥当性において問題を残す懸念はあるが，本年表には本書に引用したものを中心に選んで示した。
3. 時代背景を示唆する事項は，次の観点から選んだ。
    ①文化的に見て時代の節目となった事項
    ②国際比較，国際交流として重要な事項
    ③日本の国際的立場を示唆する文化的事項
4. 未邦訳の絵本については原書を示した。また，日本で最初に出版された作品は「日本」の項に分類し，外国で最初に出版された作品は「外国」の項に分類して示した。

《本年表で使った記号など》

①書名は太字で表記し，その後に画家名を示した。なお，外国の人名は，原則として姓を片仮名で表記した。
②■　日本の時代背景を示す。
③□　外国の時代背景を示す。
④◆　日本の文学作品を示す。
⑤◇　絵本関連の文献を示す。
⑥〖　〗　外国の文学作品の国名を示す。

〖米〗アメリカ　〖露〗ロシア，ソ連　〖デンマーク〗デンマーク
〖英〗イギリス　〖中国〗中国　〖チェコ〗チェコ
〖カナダ〗カナダ　〖アラビア〗アラブ　〖スウェーデン〗スウェーデン
〖仏〗フランス　〖インド〗インド　〖ニュージー〗ニュージーランド
〖独〗ドイツ　〖ギリシャ〗ギリシャ　〖フィン〗フィンランド
〖伊〗イタリア　〖スイス〗スイス　〖ノルウェー〗ノルウェー

⑦☆　シリーズ名や雑誌名，連載ものを示し，その後に出版社名あるいは著作者を示す。

西暦	絵本及び絵画的作品		文学作品・時代背景 絵本関係文献
	日本	外国	
前6C			《ギリシャ》イソップ物語 アイソポス
4世紀～18世紀			
4Cころ			《インド》マハーバーラタ
9C			《アラビア》千夜一夜物語
10C			◆竹取物語
11C			《インド》カターサリットサーガラ ソーマデーバ
12C	源氏物語絵巻・鳥獣人物戯画・信貴山縁起絵巻・彦火々出見尊絵巻（海幸彦 山幸彦）		◆今昔物語
13C	奈良絵本		◆平家物語
14C	大江山絵詞絵巻 土蜘蛛草紙絵巻	Aesopus moralisatus Anglicus	◆御伽草子［室町～江戸中期］《中国》水滸伝 施耐庵・羅貫中
1476?		Historia di Lionbruno Cirino	
16C	浦嶋明神縁起（浦島太郎）		
1570ころ	道成寺縁起（安珍 清姫）		《中国》西遊記 呉承恩
1593			◆エソポのハブラス（イソップ物語）［口語訳ローマ字体］
1603	丹緑本		■江戸幕府開始
1658		世界図絵 コメニウス	
1659	伊曽保物語［絵入り仮名草子］		
1719			《英》ロビンソン＝クルーソー デフォー
1726			《英》ガリヴァー旅行記 スウィフト

1765 ころ			〚英〛マザーグースの歌　ニューベリー
19世紀			
1812			〚独〛**グリム童話**　グリム兄弟
1835			〚デンマーク〛**子どものための童話集**　アンデルセン
1842			■幕府好色本禁止
1843			〚英〛**クリスマス=キャロル**　ディケンズ
1845		*The Traditional Faery Tales*　Summerly	
1847		もじゃもじゃペーター　ハインリッヒ=ホフマン	
1860			■幕府の咸臨丸米国へ
1862			〚仏〛**レ=ミゼラブル**　ユゴー
1865		ふしぎの国のアリス　テニエル	
1868 (M元年)			■明治の改元 〚米〛**若草物語**　オルコット
1869			〚仏〛**海底二万マイル**　ベルヌ
1870		妖精の国で　ドイル	
1871			■特命全権大使　岩倉具視らを欧米に派遣
1872			◆**學問のすゝめ**　福沢諭吉 〚英〛**フランダースの犬**　ウィーダ
1873			◆**訓蒙話草**［イソップ抄訳］福沢英之介 ◆**馬太伝**　ヘボン訳
1875		ナンセンスの絵本　リア	
1876			〚米〛**トムソーヤの冒険**　マーク=トウェイン
1878		窓の下で　グリーナウェイ	〚仏〛**家なき子**　マロ

年			
1879			〚仏〛昆虫記 ファーブル
1880	[赤本] 花咲ぢゞい・舌切すゞめ・猿蟹合戦 竹内栄久	*The Three Jovial Hunstmen* Caldecott	■君が代作曲 〚スイス〛ハイジ スピリ
1881	[赤本] 桃太郎鬼ヶ島でん 竹内栄久	マザーグースの絵本 グリーナウェイ	■国会開設の詔
1883			〚米〛ロビンフッドの愉快な冒険 パイル 〚伊〛ピノッキオの冒険 コッローディ 〚英〛宝島 スティーブンソン
1885	[ちりめん本] 桃太郎 長谷川弘文社		
1886			■学校令公布 〚伊〛クオレ アミーチス 〚米〛小公子 バーネット 〚露〛イワンのばか トルストイ
1887	☆アイヌ昔話絵本 小林栄濯 ☆WAMPAKU MONOGATARI [翻訳絵本] 羅馬字会		
1888	おほかみ [家庭叢話] 小林永濯	ハメルンの笛ふき グリーナウェイ	〚仏〛十五少年漂流記 ベルヌ
1889			■大日本帝国憲法発布
1890			■教育勅語発布
1892			〚英〛ケルト妖精物語 ジェイコブズ 〚英〛シャーロックホームズの冒険 ドイル
1895			☆少年世界 博文館
1896			□アテネ 第1回オリンピック
1898		花のメルヘン クライドルフ	〚カナダ〛わたしがおなじみになった野生動物（シートン動物記）シートン
1899		ちびくろ・さんぼ バンナーマン	
1900		（グリム童話集）白雪姫・赤ず	〚米〛オズの魔法使い ボーム

		きん・ヘンゼルとグレーテル ラッカム	
20世紀			
1902	**新撰画譜**（教訓歴史画）綱島亀吉	ピーターラビットのおはなし ポター	
1904	☆**お伽絵解 こども** 創刊 児童美育会		■尋常小学校国語の国定教科書使用開始 〚仏〛ジャン=クリストフ ローラン 〚英〛ピーターパン バリ
1905	☆**少年智識画報** 創刊 近事画報社 ☆**少女智識画報** 創刊 近事画報社	ノアのはこ舟のものがたり スミス	
1906	☆**幼年画報** 創刊 博文館		
1908	☆**お伽画帖** 創刊 宮川春汀他 **曽我兄弟** 山中古洞		〚カナダ〛赤毛のアン モンゴメリ
1910			◆**遠野物語** 柳田国男
1911	☆**日本一ノ画噺** 創刊 岡野栄他		〚米〛秘密の花園 バーネット
1912 (M45年/T元年)		*Noah's ark* Fuchshuber	〚米〛あしながおじさん ウェブスター
1913		マザー=グース ラッカム	■新しい女 宣言 平塚らいてう ◆**ファウスト** 森鴎外 訳
1914	☆**子供之友** 創刊 婦人之友社		☆**少年倶楽部** 創刊 大日本雄弁会講談社
1918	**お伽草紙 ポンチ之巻** 川端龍子 **お伽草紙 動物之巻** 竹久夢二		■尋常小学校国語読本使用開始［ハナ ハト］ ☆**赤い鳥** 創刊 鈴木三重吉 主宰 ◆**蜘蛛の糸** 雑誌に掲載 芥川龍之介
1920			〚英〛ドリトル先生アフリカゆき ロフティング ◆**一房の葡萄** 雑誌に発表 有島武郎 ◆**小僧の神様** 執筆 志賀直哉

年			
1921			◆赤い蠟燭と人魚 小川未明
1922	☆コドモノクニ 創刊 東京社	ビロードうさぎ ニコルソン	《仏》チボー家の人々 ガール
1923	どんだく絵本 竹久夢二		■関東大震災 《独》バンビ ザルテン
1924	☆正チャンの冒険 創刊 朝日新聞社		☆少女倶楽部 創刊 大日本雄弁会講談社 ◆注文の多い料理店 宮澤賢治
1925			■ラジオ放送開始
1926 (T15年) (S元年)		くまのプーさん シェパード	
1927	☆キンダーブック 創刊 フレーベル館	かしこいビル ニコルソン ちびくろ=さんぼ ドビアス	☆小学生全集 創刊 興文社・文藝春秋社
1928	一寸法師 初山滋 舌切雀 武井武雄	100まんびきのねこ ガアグ	
1929		ペレのあたらしいふく ベスコフ	《独》エミールと探偵たち ケストナー
1930	長靴の三銃士 井本水明	アンガスとあひる フラック	《英》ツバメ号とアマゾン号 ランサム
1931	☆のらくろ二等卒 連載開始 田河水泡 平気の平太郎 岡本一平	ぞうのババール ブリュノフ	《チェコ》長い長いお医者さんの話 チャペック
1932	☆婦人之友絵本 創刊 井元永明他 ☆森永絵本キャラメル 創刊 嶺田弘他 動く漫画あっぱれ無茶修行 宮尾しげを		◇本・子ども・大人 アザール ◆ごん狐 雑誌に発表 新美南吉
1933	冒険ダン吉 連載開始 島田啓三		□ドイツ ヒットラー内閣成立 《独》飛ぶ教室 ケストナー
1934	赤ノッポ青ノッポ 武井武雄	ちいさいじどうしゃ レンスキー	《英》メアリー=ポピンズ トラバース
1935	猿蟹合戦 井上洸		☆日本少国民文庫 創刊 新潮社 《米》大草原の小さな家 ワイルダー
1936	☆講談社の絵本 創刊	チムとゆうかんなせんちょうさ	■二・二六事件

	☆グリコ文庫 刊行 柊木達也他 ☆江戸っ子健ちゃん（フクちゃん）連載開始 横山隆一 乃木大将 伊東幾造	ん アーディゾーニ はなのすきなうし ローソン	◆風の中の子供 坪田譲治 ◆真実一路 山本有三
1937	小学科学絵本 創刊 東京社	いたずらきかんしゃちゅうちゅう バートン	◆路傍の石 連載開始 山本有三
1938		シナの五にんきょうだい ヴィーゼ ねこのオーランドー ヘイル	■内務省映画内容制限〔思想表現の統制〕 ◆子供の四季 坪田譲治 〔米〕子鹿物語 ローリングス
1939		げんきなマドレーヌ ベーメルマンス	
1940			◆走れメロス 太宰治
1941	オサルノエウチエン 清水崑 オヤマノカキノキ 小山内龍	ひとまねこざるときいろいぼうし レイ かもさんおとおり マックロスキー 名馬キャリコ バートン	■太平洋戦争勃発 ■国民学校令発布 ◆次郎物語 下村湖人 ◆大造爺さんと雁 雑誌に発表 椋鳩十
1942	日本ムカシバナシ 安泰 コグマトミツバチ 清水崑	ちいさいおうち バートン ぼく にげちゃうよ ハード	◆おじいさんのランプ 新美南吉
1943	正夫君の見たゆめ 谷中安規	おやすみなさいのほん シャロー	〔仏〕星の王子さま サン=テグジュペリ
1944	アカチャン 沢井一三郎	もりのなか エッツ	
1945 (S20年)			■終戦 〔スウェーデン〕長くつ下のピッピ リンドグレーン
1946	☆サザエさん 連載開始 長谷川町子	ちいさいしょうぼうじどうしゃ レンスキー	■日本国憲法公布 ☆銀河 創刊 新潮社 〔スウェーデン〕名探偵カッレ君 リンドグレーン 〔露〕森は生きている マルシャーク
1947	☆トッパンの絵本 創刊 ニッポンノアマ 小山内龍	海のおばけオーリー エッツ おやすみなさいおつきさま ハード	□インド独立 ■教育基本法公布 ■学校教育法公布 ■文部省 教科書検定実施を発表 ◆ノンちゃん雲に乗る 石井桃子

年			
1948	お母さまが読んで聞かせるお話　人形 藤城清治［暮らしの手帖連載開始］ おさるのしゃしんや　茂田井武	こねこのぴっち　フィッシャー サリーのこけももつみ　マックロスキー	■国立国会図書館法公布 〘フィン〙たのしいムーミン一家　ヤンソン
1949	☆世界の絵本 創刊 新潮社 家なき子　得田寿	はなをくんくん　サイモント	■湯川博士ノーベル賞 ◆夕鶴　木下順二 ◇子どもの本について　ホワイト
1950	フランダースの犬　初山滋	てぶくろ　ラチョフ	■特需景気 〘英〙ライオンと魔女　ルイス 〘米〙エルマーとりゅう　ガネット ☆岩波少年文庫 創刊
1951	☆かっぱ川太郎 連載開始 清水崑 ☆クリちゃん 連載開始 根本進 ☆鉄腕アトム 連載開始 手塚治虫 夕鶴　福田豊四郎	マドレーヌといぬ　ベーベルマンス	■日米安全保障条約調印 〘露〙ヴィーチャと学校友だち　ノーソフ ◆山びこ学校　無着成恭 ☆児童百科事典　平凡社
1952	☆よいこのくに 創刊 学習研究社	あなはほるものおっこちるとこ　センダック	◆二十四の瞳　壺井栄
1953	☆岩波の子どもの本 創刊 ちびくろ=さんぼ 岩波書店 ふしぎなたいこ　清水崑	またもりへ　エッツ ミッフィーの　どうぶつ　だあれ　ブルーナー	□IBBY 設立 ■学校図書館法公布 ■テレビ放送開始
1954		ちいさなもみのき　クーニー ちいさなうさこちゃん　ブルーナ ごきげんなライオン　デュボアザン	□アメリカ ビキニ環礁 水爆実験 〘英〙指輪物語　トールキン
1955		からすたろう　八島太郎	☆世界大百科事典　平凡社
1956	☆こどものとも 創刊 福音館書店 ききみみずきん　初山滋 ぞうのたまごのたまごやき　山中春雄	どろんこハリー　グレアム 木はいいなあ　シーモント いたずらこねこ　シャーリップ うさぎのおうち　ウィリアムズ	■万国著作権条約批准 ■南極観測船「宗谷」東京出発
1957		こぐまのくまくん　センダック おおかみと七ひきのこやぎ　フェリクス=ホフマン 三びきのやぎのがらがらどん　ブラウン	□ソ連人工衛星打上げ 〘ノルウェー〙小さなスプーンおばさん　プリョイセン ◆ながいながいペンギンの話　いぬいとみこ ◆コタンの口笛　石森延男

年			
1958	がんばれさるのさらんくん 長新太 てんぐのこま 中山春雄	しろいうさぎとくろいうさぎ ウィリアムズ しずかなおはなし レーベデフ へびのクリクター ウンゲラー	■小・中学校の「学習指導要領」改定を告示[道徳の時間特設] ◆ゲンと不動明王 宮口しづえ 〚英〛トムは真夜中の庭で ピアス 〚英〛くまのパディントン ボンド
1959	かにむかし 清水崑 きかんしゃやえもん 岡部冬彦	あかいかさ ブライト あおくんときいろちゃん レオニ	〚英〛くらやみ城の冒険 シャープ
1960	あいうえおのほん 岩崎ちひろ のろまなローラー 山本忠敬 三びきのこぶた 山田三郎	おやすみなさいフランシス ウィリアムズ	◆龍の子太郎 松谷みよ子
1961	かさじぞう 赤羽末吉 3びきのくま 山田三郎 スーホのしろいうま 赤羽末吉	すてきな三にんぐみ アンゲラー 3びきのくま バスネツォフ	□ソ連人工衛星打ち上げ ■レジャーブーム 〚英〛おばけ桃の冒険 ダール ◆キューポラのある街 早船ちよ
1962	おおきなかぶ 佐藤忠良 うさぎのみみはなぜながい 北川民次 かばくん 中谷千代子 かわ 加古里子 いやいやえん 大村百合子	せいめいのれきし バートン つきのぼうや オルセン	〚独〛大どろぼうホッツェンプロッツ プロイスラー
1963	三月ひなのつき 朝倉摂 ぐりとぐら 大村百合子 たろうのおでかけ 堀内誠一 ほしになったりゅうのきば 赤羽末吉 しょうぼうじどうしゃじぷた 山本忠敬 ふしぎなたけのこ 瀬川康男	かいじゅうたちのいるところ センダック スイミー レオニ ジルベルトとかぜ エッツ	
1964	そらいろのたね 大村百合子 おばけのQ太郎 連載開始 藤子不二雄	おおきな木 シルヴァスタイン	■東京オリンピック開催 ◆ちいさいモモちゃん 松谷みよ子
1965	ももたろう 赤羽末吉 ぐるんぱのようちえん 堀内誠一 りゅうのめのなみだ 岩崎ちひろ ないた あかおに 池田龍雄 いっすんぼうし 秋野不矩	しずくのぼうけん ブテンコ もりのこびとたち ベスコフ	□アメリカ北ベトナム爆撃開始 ■小学校5学年まで教科書無償給与 ◆肥後の石工 今西祐行
1966	スガンさんの やぎ 中谷千代	マウルスと三びきのヤギ カリ	□中国 文化大革命

	子 ぐりとぐらのおきゃくさま 山脇百合子 みんなの こもりうた 中谷千代子	ジェ ねえさんといもうと アレキサンダー バーバ=ヤガー レント	
1967	八郎 滝平二郎 11ぴきのねこ 馬場のぼる どんくまさん 柿本幸造 いない いない ばあ 瀬川康男 ボタンのくに 西巻茅子 にんぎょひめ 岩崎ちひろ うらしまたろう 岩崎ちひろ	あかいふうせん マリ フレデリック レオニ ねこねこここねこ グラビアンスキー ピーターのいす キーツ ナシの木とシラカバとメギの木 カリジェ わにのなみだ フランソワ 海浜物語 八島太郎	■小学校1～6学年，中学校1学年まで教科書無償給与 ■日本近代文学館開館 〚米〛クローディアの秘密 カニグズバーグ ◆ベロ出しチョンマ 斎藤隆介
1968	あめのひのおるすばん 岩崎ちひろ あかいくつ 岩崎ちひろ きんいろのしか 秋野不矩 おんなじおんなじ 多田ヒロシ ありこのおつかい 中川宗弥 よわいかみ つよいかたち 加古里子 ひかりとおとの かけくらべ 田畑精一 だるまちゃんとかみなりちゃん 加古里子 かもとりごんべえ 瀬川康男 ☆かこさとしのかがくの本 創刊 童心社	くまの コールテンくん フリーマン おおきな おおきな おおきな かぶ オクセンバリー きりのなかの サーカス ムナーリ 空とぶ船と世界一のばか シュルヴィッツ まっくろネリノ ガルラー 赤ずきん ワッツ	■小・中学校の「学習指導要領」改訂を告示［授業時数を最低時数から標準時数に改める］ ■小学校1～6学年，中学校1～2学年まで教科書無償給与 ■大学紛争 〚英〛しずくの首飾り エイキン 〚米〛影との戦い ル=グウィン ◆火垂るの墓 野坂昭如
1969	☆北隆館の知識絵本シリーズ創刊 わたしのワンピース 西巻茅子 のせて のせて 東光寺啓 ごろはちだいみょうじん 梶山俊夫 花さき山 滝平二郎 三コ 滝平二郎 王さまと九人のきょうだい 赤羽末吉	はらぺこ あおむし カール はる なつ あき ふゆ バーニンガム ロバのシルベスターとまほうの小石 スタイグ まよなかのだいどころ センダック	■小・中学校全学年で教科書無償給与 ◆くまの子ウーフ 神沢利子
1970	なつのあさ 谷内こうた はけたよ はけたよ 西巻茅子 ねむりむしじらぁ 儀間比呂志 いしになったかりゅうど 赤羽末吉 ゴキブリ400000000年 松岡達英 かわいそうな ぞう 武部本一	大きな魚にのまれたヨナ アイヒンガー ガンピーさんのふなあそび バーニンガム まどのむこう キーピング ふたりはともだち ローベル すずの兵隊 レイムグルーバー	■著作権法公布 ■大阪万国博覧会

年			
	郎		
1971	☆仮面ライダー 連載開始 石ノ森章太郎 モチモチの木 滝平二郎 スイッチョねこ 朝倉摂 おおきなきがほしい 村上勉 ふなひき太良 儀間比呂志	おばけのバーバパパ ティラー ヴァレンカのちいさな家 ワッツ ちびぞうトト ネグリ	■日本 人工衛星打上げ
1972	おおきな おおきな おいも 赤羽末吉 ひさの星 岩崎ちひろ たんぽぽ 平山和子	3びきのくま ガルドン *NOAH'S ARK* Brook おやすみみみずく ハッチンス	■沖縄返還
1973	ふきまんぶく 田島征三 のらいぬ 谷内こうた 戦火のなかの子どもたち 岩崎ちひろ かみひこうき 林明子 どろぼう がっこう 加古里子 ☆はだしのゲン 連載開始 中沢啓二	ラ=タ=タ=タム シュレーダー カテドラル マコーレイ いばらひめ オットー キスなんてだいきらい ウンゲラー ジャンヌ=ダルク モンヴェル	■新しい「当用漢字音訓表」および「送り仮名の付け方」を内閣告示 〚独〛モモ エンデ ◇残酷の悲劇 瀬川拓男・松谷みよ子 編
1974	ねずみくんのチョッキ 上野紀子 おじさんのかさ 佐野洋子 ABCの本 へそまがりのアルファベット 安野光雅	よあけ シュルヴィッツ あかちゃん バーニンガム ラプンツェル ワッツ 太陽へとぶ矢 マグダーモット	■JBBY 設立 ■東京子ども図書館開館 ◆兎の眼 灰谷健次郎
1975	ろくべえまってろよ 長新太 それいけ！アンパンマン やなせたかし だってだっての おばあさん 佐野洋子 スイッチョねこ 安泰	かぜは どこへいくの ノッツ アラネア ブルックス 木のうた マリ 白雪ひめと七人のこびと オットー みにくいあひるの子 オットー きょうりゅうくんは するよ・しないよ ホフ	
1976	はじめてのおつかい 林明子 こすずめのぼうけん ほりうちせいいち ほしになったりゅうのきば 赤羽末吉	きょうは カバが ほしいな シュローテ ものいうほね スタイグ ぼくはくまのままでいたかったのに ミュラー ぼくを探しに シルヴァスタイン レモンをお金にかえる法 バッソ ありがたいこってす！ツェマック	
1977	もこ もこもこ 元永定正	コロンブスの航海 ベントゥー	■小・中学校の「新学習指導要

103

	100万回生きたねこ 佐野洋子 雷の落ちない村 三橋節子 やまなしもぎ 太田大八 旅の絵本 安野光雅 みんな うんち 五味太郎 ひがんばな 甲斐信枝 かみさまへのてがみ 葉祥明	ラ キャッスル マコーレイ これ、なあに? イエンセン・ハラー まっくろけの まよなかネコよ おはいり ブルックス おおかみと七ひきの子やぎ オットー ノアのはこ船 スピアー	領」改訂を告示［ゆとりある教育．授業時数削減］ ◇ガラスのうさぎ 高木敏子 ◇こんな絵本があった フィーバー
1978	☆復刻 日本絵はなし集 創刊 ほるぷ出版 春のうたがきこえる 市川里美 じごくのそうべえ 田島征彦 鬼ぞろぞろ 赤羽末吉 ノンタン おねしょでしょん 清野幸子 まちんと 司修	私のノアの箱舟 ゴフスタイン ねえ、どれが いい? バーニンガム ゆきだるま ブリッグス 神の道化師 パオラ たからもの シュルヴィッツ 怪物ヌングワマをたいじしたむすめの話——中国の昔話 ヤング	■日中平和友好条約調印 ◆それいけズッコケ三人組 那須正幹
1979	☆源平絵巻物語全10巻 赤羽末吉 ☆複刻 世界の絵本館——オズボーン=コレクション 創刊 ほるぷ出版 はるにれ 姉崎一馬 つるにょうぼう 赤羽末吉 どんぐりと山猫 小林敏也 だいちゃんと うみ 太田大八	ヘンゼルとグレーテル ツヴェルガー ねむりひめ ハットン ベンのトランペット イザドラ	□国際児童年 ◆にほんご 安野光雅他 『独』はてしない物語 エンデ ◇クシュラの奇跡 バトラー
1980	キャベツくん 長新太 ひろしまのピカ 丸木俊 わたし いややねん 松下香住 はるかぜのたいこ 葉祥明 さんびきの こぶた 田畑精一	いのちのうた アンベール せかいのひとびと スピアー コロちゃんはどこ? ヒル	◇センダックの世界 レインズ
1981	シャエの王女（今昔物語） 赤羽末吉 四季の子どもたち 市川里美 ありと きりぎりす スター社 絵巻えほん・川 前川かずお	ジュマンジ オールスバーグ	■「常用漢字表」内閣告示及び内閣訓令 □中国 文化大革命否定 ◆奈良の大仏 香取忠彦 ◆窓ぎわのトットちゃん 黒柳徹子
1982	銀河鉄道の夜 藤城清治 ほたる 佐伯和子 トビウオの ぼうやは びょうきです 津田櫓冬 したきりすずめ 赤羽末吉 ころ ころ ころ 元永定正	アンジュール——ある犬の物語 バンサン 風が吹くとき ブリッグズ 葉っぱのフレディ いのちの旅 バスカーリア ラプンツェル ハイマン 白雪姫 ワッツ	◆冒険者たち——ガンバと一五匹の仲間 斎藤惇夫
1983	おおはくちょうのそら 手島圭	たまご バンサン	■パソコン・ワープロの急速な

	三郎 きいろいのは ちょうちょ 五味太郎 旅の絵本Ⅳ 安野光雅	木を植えた男 バック	普及
1984	忠盛 瀬川康男 たんぽぽ 甲斐信枝 世界一の石の塔 戸田幸四郎 しらゆきひめ 岩崎ちひろ いちご 平山和子 せみと あり タルレ	おじいちゃん バーニンガム くもさん おへんじ どうしたの カール わすれられない おくりもの バーレイ ぼくのだいじな あおいふね ブルーナ	■大阪府立国際児童文学館開館 ◆のはらうた 工藤直子
1985	さっちゃんの まほうのて 田畑精一 他 あさ・One morning 伊沢洋二 きたきつねのゆめ 手島圭三郎 めっきらもっきら どうんどん 降矢奈々	メルヒェン ディードリッヒ 急行「北極号」オールズバーグ やねの上にさいた花 ピルキントン	■教師の体罰, いじめ, 登校拒否等問題化 ◆魔女の宅急便 角野栄子 ◇近世子どもの絵本集 岩波書店 ◇絵本論 瀬田貞二子どもの本評論集 瀬田貞二
1986	ある池のものがたり 三芳悌吉 セーターになりたかった毛糸玉 津田直美 ごんぎつね 黒井健 月へいった女の子 アイヌむかしばなし 鈴木トミエ ふゆめ がっしょうだん 冨成忠夫・茂木透	ゆかいなゆうびんやさん アルバーグ パパ, お月さまとって！ カール 雪の女王 ワッツ モンスター＝ベッド バーレイ	□ソ連 チェルノヴィリ原発事故 ◆鈴の鳴る道 星野富弘
1987	ソメコとオニ 滝平二郎 十二しの はじまり お正月に読む本 木暮正夫 3びきのくま 片山健 シンデレラー小さなガラスの靴 東逸子	ウォーリーをさがせ！ ハンドフォード こびとのくつやさん タルレ 月夜のみみずく ショーエンヘール ぼくのともだち, おつきさま ダーハン 月のしかえし リー	◇日本の絵巻（全20巻）小松茂美 編
1988	とべバッタ 田島征三 なぞなぞえほん 山脇百合子 がんばれ はぶらしハーマン 田中四郎	天国はおおさわぎ 天使セラフィーノの冒険 バンサン 道具と機械の本 マコーレイ	■『ちびくろ・さんぼ』を各社自主的に絶版 ◇世界図絵 井ノ口淳三 訳 ◇絵本の世界 森久保仙太郎 偕成社出版部 編 ◇江戸の遊び絵 稲垣進一
1989 (S64年 H元年)	まあちゃんの ながいかみ 高楼方子 ひとりで うんち できるかな 木村裕一 なぞなぞあそびうた スズキ	かえるの王さま シュレーダー	□国連 子どもの権利条約採択 ■小・中・高等学校の「学習指導要領」改訂を告示［新学力観. 1, 2年で理科・社会を廃止し生活科を新設］

105

	コージ とべ！ちいさいプロペラき　山本忠敬		
1990		とおい　とおい　アフリカの ―Elephant Moon　トール だんまりこおろぎ　カール くじらの歌ごえ　プライズ	◆『ちびくろサンボ』絶版を考える　怪書房編集部　編
1991	ふしぎのおうちはドキドキなのだ　武田美穂 だれだか　わかるかい？　むしのかお　今森光彦 ひとつの夜　いもとようこ どうぶつえんガイド　あべ弘士	*Bear* Schoenherr	□ソ連解体
1992	わらべうた絵本　松田健司	おうちのまわりで　カズンズ にじいろの　さかな　フィスター はっけん・はっけん　大はっけん！　フランカン すずの兵隊さん　マルチェリーノ	◇焼かれた「ちびくろサンボ」 人種差別と表現・教育の自由 杉尾敏明・棚橋美代子
1993	ひゅるひゅる　瀬名恵子 まほうのえのぐ　林明子	ジャックせんせいのおどろ木　ワイルドスミス	
1994	カボチャ　ありがとう　木葉井悦子 なんじゃらほい　木葉井悦子 なぞなぞ100この本　ミトゥーリチ あらしのよるに　あべ弘士	**ABC**のえほん　ゴーバディ	■子どもの権利条約批准
1995	狐とかわうその知恵くらべ　太田大八 かさじぞう　木葉井悦子 てんぱたん　てんぱたん　梶山俊夫 だいじょうぶ　だいじょうぶ　伊東寛 みんな　みーつけた　山脇百合子 かさ　さしてあげるね　西巻茅子	ギルガメシュ王さいごの旅 ゼーマン ソリちゃんのチュソク　イ=オクペ	■阪神淡路大震災
1996	バムとケロのさむいあさ　島田ゆか かんがえるカエルくん　岩村和朗 どうぶつ　はやくちあいうえお	こいぬのうんち　チョン=スンガク	

	片山健 ねこのくにのおきゃくさま ウエッタシンハ むかでの いしゃむかえ 飯野和好 あいうえおうた 降矢なな		
1997	三国志絵本 十万本の矢 宇大武 絵本西遊記 太田大八 きつねにょうぼう 片山健 かさぶたくん 柳生弦一郎 3びきのこぶた ディズニー名作アニメ		■絵本学会発足 〚英〛ハリー=ポッターと賢者の石 ローリング
1998	よるのようちえん 中辻悦子 土のふえ 沢田敏行 おへそのひみつ 柳生弦一郎 いつでも会える 菊田まりこ	あかてぬぐいの おくさんと7にんのなかま イ=ヨンギョン 雪の写真家ベントレー アゼアリアン	■小・中学校の「学習指導要領」改定を告示［完全学校週5日制．総合的な学習の時間を新設．学習内容・授業時数の削減，ゆとりある教育］ ◆**五体不満足** 乙武洋匡
1999	むったんの海 寺田志桜里 きいちゃん 多田順 ちびくろさんぼのおはなし 径書房 ごあいさつ ごあいさつ 渡辺有一 はしれ江ノ電 ひかりのなかへ 渡辺有一 さわってごらんだれのかお？ 中塚裕美子 おおきくなるっていうことは 中川ひろたか	オットー 戦火をくぐったテディベア ウンゲラー いつだって ともだち バトゥー	
2000	**絵本ファウスト** 山本容子 あの夏の日 葉祥明	**キツネ** ブルックス ぜったい たべないからね チャイルド 魔笛 ゾーヴァ	■国立国際子ども図書館開館 ◇ちひろと世界の画家たち ちひろ美術館 編著
21世紀			
2001			■子どもの読書活動推進法公布
2005			■文字・活字文化振興法公布
2006			■改正教育基本法公布 ■学校図書館法改正
2007			■財団法人 文字・活字文化推進機構設立 ■学校教育法の一部改正公布

《年表参考文献》
『英米児童文学 文学年表・翻訳年表』 清水真砂子・八木田宜子 共編 研究社出版 1972年
『子どもの本の歴史―英語圏の児童文学』（上下） J. R. タウンゼント 著／高杉一郎 訳 岩波書店 1982年
『児童文学者人名事典―外国人イラストレーター 編』 中西敏夫 訳・編 出版文化研究会 1998年
『絵本の世界 作品案内と入門講座』 森久保仙太郎・偕成社編集部 共編 偕成社 1988年
『絵本の住所録 テーマ別絵本リスト』 舟橋斉 著 法政出版 1993年
『日本の絵巻』（全20巻） 小松茂美 編 中央公論社 1987年
『近世子どもの絵本集』(1)「江戸編」鈴木重三・木村八重子 共編 (2)「上方編」中野三敏・肥田晧三 共編 岩波書店 1985年
『はじめて学ぶ 日本の絵本史』（I, II, III） 鳥越信 編 ミネルヴァ書房 2001～2002年

■ 著　者［五十音順］

氏　名	現または元の職場
☆天野美智子	千葉市書店協同組合
出雲路猛雄	元静岡英和女学院短期大学
☆岡澤陽子	東京都東久留米市立下里幼稚園
兼城洋子	元東京都新宿区立西戸山幼稚園
加藤保一（故人）	元東京都大田区立馬込第二小学校
加納京子	東京都世田谷区立松丘幼稚園
☆金澤孝	元東京都教育委員会
☆金澤延美	駒沢女子短期大学
工藤充枝	山村学園短期大学
小福田佳子	東京都新宿区立落合第三幼稚園
☆下平喜代子	東京未来大学
☆高野章子	東京都練馬区立豊玉第三保育園
☆戸島敦子	東京都江東区立亀高小学校
樋渡眞里子	元大妻女子大学
☆檜垣智子	横浜高等教育専門学校
牧野和江	埼玉県所沢市立教育センター
渡辺政子	元東京都新宿区立四谷第四幼稚園

☆　本書の編集に携わったメンバー

〈イラスト〉
菅原順一（駒沢女子短期大学）

〈編集代表〉
戸島敦子・金澤延美

《著者紹介》
えほんの会 1986年に，幼稚園教諭を中心に，現場で利用価値の高い絵本を互いに持ち寄り，読み聞かせから学ぶ「絵本の会」を発足。2003年より，「えほんの会」とし，東京都新宿区立赤城生涯学習館（旧赤城社会教育会館）で月例会を行っている。

事務局：東京都稲城市坂浜238　駒沢女子短期大学内　金澤研究室
　　　　nkanazaw@komajo.ac.jp

耳をすまそう
絵本についての100のお話

2008年（平成20年）3月25日	第1版　第1刷発行Ⓒ
2008年（平成20年）7月10日	第2刷発行

著　　者　えほんの会（別記）

発 行 者　長　沼　芳　子

印刷・製本　日之出印刷株式会社

発 行 所　株式会社　開　拓　社
　　　　　〒113-0023　東京都文京区向丘1丁目5番2号
　　　　　電話〈営業〉(03)5842-8900　〈編集〉(03)5842-8902
　　　　　振替口座　00160-8-39587
　　　　　http://www.kaitakusha.co.jp

ISBN978-4-7589-8015-9　C0037　　　　装丁　中村志保子

Ⓡ〈日本複写権センター委託出版物〉
本書(誌)を無断で複写複製(コピー)することは，著作権法上の例外を除き，禁じられています。本書(誌)をコピーされる場合は，事前に日本複写権センター(JRRC)の許諾を受けてください。
　JRRC〈http://www.jrrc.or.jp　eメール：info@jrrc.or.jp
　　電話：03-3401-2382〉